오늘 하루 토닥토닥,
우리 꽃길만 걸어요

오늘 하루 토닥토닥, 우리 꽃길만 걸어요

발행일	2025년 12월 4일

지은이	이혜연
펴낸이	손형국
펴낸곳	(주)북랩

출판등록 2004. 12. 1(제2012-000051호)
주소   서울특별시 금천구 가산디지털 1로 168, 우림라이온스밸리 B동 B111호, B113~115호
홈페이지 www.book.co.kr
전화번호 (02)2026-5777   팩스   (02)3159-9637

ISBN   979-11-7224-963-2 03810(종이책)   979-11-7224-964-9 05810 (전자책)

작가 연락처 문의 ▸ ask.book.co.kr

전용 게시판에 문의를 남기시면 저자에게 직접 전달됩니다.

(주)북랩 성공출판의 파트너

북랩 홈페이지와 SNS에서 다양한 출판 솔루션을 만나 보세요!

홈페이지 book.co.kr   •   **블로그** blog.naver.com/essaybook   •   **출판문의** text@book.co.kr
카톡채널 북랩

내 마음을 가볍게 만드는 일상의 기술

오늘 하루 토닥토닥,
우리 꽃길만 걸어요

이혜연 에세이

평범한 하루에도
우리를 살리는 작은 기적이 숨어 있다!

지금의 나를 있는 그대로 받아들이는 순간,
마음은 더 가벼워지고 하루는 달라진다

북랩

목차

● **2024년
이야기**

● 2025년
이야기

코로나19
시절의 이야기

2024년 이야기

나의 작심삼일(作心三日) 이야기

　　벌써 7월 중순이다. 이맘때는 새해에 세웠던 계획이 잘 진행되고 있는지 수첩을 확인한다. 우리 교육청의 7월 사자성어가 '맺음을 중시하며, 새로운 시작을 계획한다'는 뜻의 '신종모시(愼終謨始)'인 것만 봐도 계획이 잘 진행되고 있는지 확인하는 시간의 중요성과 필요성을 알 수 있다. 7월 중순에 맺음을 논하기에는 이른 감이 있지만, 목표에 얼마나 도달하였는가를 확인하려면 중간 점검이 꼭 필요하다. 나의 계획은 '여행이 가능한 수준으로 영어 공부하기', '주 3회 운동하기', '주 한 권 책 읽기' 그리고 '글쓰기'다. 중간 확인을 해 보니 계량화된 목표는 달성 여부를 한눈에 알 수 있었지만, 계량화되지 않은 목표,

특히, 이 글을 쓰게 된 영어 공부 하기는, '여행 가능한 수준'이 너무 추상적이어서 목표에 도달했는지 궁금증이 들었다. 이 의문을 해결하기 위해서는 목표를 구체화하고, 실전에 적용하기 위해 해외로 여행을 가거나, 영어 시험에 응시해야 하는지 고민 중이다.

이 '영어 공부 하기'는 매년 계획을 세우지만, 원하는 수준의 목표를 이루지 못했다. 공부할 때 싫증이 나면, '아니, 내가 이 나이에 영어 공부까지 해야 돼?'라는 생각이 들기도 했다. 하지만 일흔이나 여든의 나이에도 만학도의 꿈을 키우며 행복해하시는 할머니, 할아버지, 환갑의 나이에도 영어 공부를 시작해 홀로 세계여행을 하는 할머니가 현지에서 만난 사람들과 자연스럽게 대화하는 모습이나 자유로이 여행하며 자신이 하고 싶은 이야기를 하는 사람들을 보며 영어 공부에 대한 의지를 불태운다. 요즘은 핸드폰에 대고 모국어로 말하면 뚝딱 번역해 주는 앱도 있고, 안내문이나 표지판 사진을 찍으면 우리말로 변환해서 보여 주는 앱도 나왔지만, 프로그램에는 오류

가능성이 있어 정확한 의사 전달을 위해서라도 스스로의 영어 공부가 필요하다고 생각한다.

요즘처럼 초등학교부터 영어를 배운 것이 아니라 시골 국민학교에 다녔던 나는, 중학교에 입학해서야 알파벳을 시작해 영어를 공부했다. 하지만 배운 기간에 비해 영어 실력은 참 늘지 않았다. 나의 영어에 대한 필요성은 딱 공무원 시험까지였기 때문이다. 영어 실력을 올릴 수 있는 방법으로는 '일상생활에서 매일 영어를 쓰고, 영어로 생각하고, 영어로 표현'하는 것이 제일 좋은 방법이지만 그렇게 생활할 수 없으니 방법을 고민하던 중, 마침 ○○○ 영어에서 전화가 왔다. 하루 10분만 투자하면 영어를 잘할 수 있다는 얘기에 귀가 팔랑거린다. 정신을 차리고 보니 '구매 확정'. 이렇게 주변의 말에 팔랑팔랑. 팔랑거리는 귀를 가져서 아주 정신이 없다.

목표 달성이 늘 미흡했던 것만은 아니다. '주 3회 운동하기'는, 운동한 후 수첩에 적으면 끝이다. 운동 간 만큼 숫자가 늘어나니 한 주 뿐만이 아니라, 월에 몇 번 갔는지도 금방 알 수 있다. 이번 주는 덜 갔으니 다음 주에 신경 써서 더 간다거나, 아니면 주말에 인근 저수지라도 걸어 부족한 운동 횟수를 채우면 된다. 5월~6월에는 운동하는 곳에서 주최하는 다이어트 프로그램에 참여하여 운동과 함께 식단을 병행하여 살을 뺐다. 권장 식단은 채소와 단백질 위주로 견과류, 건강한 탄수화물을 먹는 것인데, 식단대로 먹기 어려울 때 가끔 빵과 과자를 먹으니 살이 더디게 빠졌다. 다이어트에 좋지 않다는 것을 알면서도 밀가루 음식인 자장면과 칼국수를 끊지 못하는 것을 보면 역시 아는 맛이 제일 무섭다.

사람들은 굳게 먹은 마음이 사흘을 못 가 흐지부지된다는 뜻으로, 결심을 끝까지 지키지 못하는 사람을 비아냥거릴 때 '작심삼일(作心三日)'이라는 말을 흔히 사용하지만, 나는 이 '작심삼일'이라는 말을 좋아한다. 영어 공부, 운동, 독서, 글쓰기. 무엇이든 하고 싶은 것이 있을 때 계획을 세워 실행하고, 확인한 후 오늘 목표량을 채우지 못했다면 내일 다시 하는 것이 중요하다. 포기하지 않고 매일 결심을 다진다면, 어제보다 조금 더 성장한 내가 될 수 있기 때문이다. 유튜브 채널 '빨간내복야코'가 부른 노래 〈중요한 건 꺾이지 않는 마음〉을 들으며, "꺾이지 않는 너의 마음과 여전히 빛을 담고 있는 너의 눈" 노래를 흥얼거리며 오늘도 다시 시작이다.

자녀와의 즉흥 여행
그리고 스마트폰

폭염이다. 마치 뜨거운 가마솥 안 옥수수가 된 것 같다. 또 비는 왜 이렇게 자주 오는지……. 그래도 비 온 뒤 목백일홍, 느티나무, 하늘의 구름까지도 자신만의 색깔로 존재감을 드러낸다. 이렇게 더울 때는 밖으로 나가기보다는 에어컨을 켜고, 시원한 차를 마시며 집에 있는 것도 여름을 나는 방법이다. 하지만 우리 집에는 자라나는 청소년이 있다. 이 청소년을 집에만 있도록 하는 것은 마치 홍길동에게 호부호형(呼父呼兄)을 허(許)하듯 스마트폰의 세상에 머물도록 허락하는 것으로 생각되어, 가능하면 밖으로 데리고 나가야만 한다는 강박이 들었다.

'어디로 갈까?' 생각하다 2년 전 〈여수 밤바다〉 노래를 듣다가 숙박 업체에서 숙소만 예약하고, 아들과 함께 떠났던 즉흥 여행이 생각났다. 사실 사춘기가 막 시작된 아들은 별로 가고 싶지 않았겠지만, 엄마가 걱정되니 마지못해 동행했을 것이다. 첫 번째 즉흥 여행지는 '여수'였다. 운전을 잘하지 못해 다른 사람들은 4시간이면 충분하다는 여수를 5시간이나 운전해서 도착한 곳은 노래로만 듣고 상상하던 바로 그 '여수'였다. 이순신광장에서 바다를 보고, 달콤한 딸기찹쌀떡과 겉은 바삭바삭하고 그 안은 고기와 채소로 채운 바게트버거도 먹었다. 아이와 함께 간 아쿠아리움에서는 벨루가의 재롱을 더 가까이에서 보려다가 물벼락을 맞았던 일과 물개의 재롱에 박수를 치며 동영상을 찍고 함께 웃었던 일들이 생각났다. 숙소로 오는 길에 반짝이는 해상 케이블카를 보며 '한번 타 볼까?'라는 생각이 들기도 했지만, 어두운 밤바다 위에서 케이블카 타는 것이 무서워 반짝이는 케이블카만 구경하다가 숙소로 돌아온 일도 기억났다. 아침 식사 후 여수 풍경이 한눈에 보이는 해상 케이블카를 타고, 오동도를 걸으면서 아이와 함께 사진을 찍었다. 한 잎, 한 잎, 윤기 나게 반짝이는 동백나무 잎과 푸른 하늘 아래로 햇빛에 반사되어 일렁이는 바다 그리고 풀밭 위에 누워 있는 고양이들을 보면서 이렇게 여유롭게 시간을 보낼 수 있음에 감사했던 여행이었다.

두 번째 즉흥 여행지는 '전주'였다. 전주의 좋은 점은 여수보다 멀지 않아 당일 여행이 가능하고, 역사가 깊어 볼거리가 많다는 것이다. 왜구를 토벌한 이성계가 전주 성 일대를 내려다보며 잔치를 벌였던 오목대를 시작으로 조선 1대 태조(이성계)의 어진이 모셔져 있는 경기전으로 가면, 조선시대 왕들의 어진을 볼 수 있는 어진박물관과 초록색 대나무가 청량하게 맞이해 준다. 경기전 앞에는 영화 〈약속〉에 나왔던 웅장하고 세련된 전동성당이 있는데, 미사 시간과 겹쳐 실내에는 들어가지 못하고, 외부에서 성당 사진을 찍는 것으로 아쉬움을 달랬다. 이 한옥마을에는 맛있는 간식들이 많다. 일단 맛있는 오징어튀김, 문어꼬치, 초코파이, 만두, 길거리야바게트버거 그리고 육전까지. 식사도 전주비빔밥보다는 수란이 별도로 나와 순서

대로 먹어야 맛있는 남부식 콩나물국, 칼국수 그리고 물갈비가 맛있었다. 역사적으로 볼 것도 많고 먹을 것도 많은데, 맛까지 좋으니 여행지로 무조건 만족이다. 무엇보다 고속도로 공사를 하면서 옮겨 심은 식물들로 공원을 조성한 한국도로공사 수목원과 연꽃이 예쁜 덕진공원은 멋진 사진 포인트가 많아 아들과 이 자세, 저 자세로 포즈를 취하며 사진을 찍어 주변에 자랑하기도 했다. 사람들이 좋아하고, 많이 가는 곳은 이유가 있다는 것을 다시 한번 깨달았다.

다음 여행지를 정하며 지난 여행을 생각하니 웃음이 난다. '충주 미륵사지석탑을 보러 갈까?', '옥천 정지용문학관을 갈까?', '박물관 특별전을 보러 서울로 갈까?', '충주호에서 배를 타고 단양 구경시장을 다녀와 볼까?' 이제 장마가 끝나고 폭염이 시작되었다. 집에만 있고 싶은 아들을 데리고 나가 더운 곳을 다니며 땀을 흘리는 것보다는 방학 동안만이라도 에어컨을 틀고 뒹굴거리며, 그동안 하지 못했던 것들을 해 보는 것도 나쁘지 않겠다는 생각이 들었다. 사실 즉흥 여행에서 얻은 정보도

스마트폰에서 찾은 정보가 많아 아들에게는 특별히 할 말은 없다. 아이에게 정해진 시간 내에서 스마트폰을 사용할 수 있도록 해 주어야겠다.

영화 이야기

"우리 오늘 무슨 영화 볼까?"

추격과 액션 장면이 멋진 〈미션 임파서블〉, 숨겨진 보물을 찾기 위해 탐험을 떠나는 〈인디아나 존스〉, 짐 캐리의 유머에 웃을 수 있는 〈마스크〉, 헤어진 연인이 기억을 지운 후에도 다시 만나 서로 사랑하게 되는 〈이터널 선샤인〉, 지금도 생각나는, 전화번호 뒷자리보다 실제 사건이었던 것이 더 충격적이었던 〈추격자〉, 우리가 살아가며 존재하는 세상을 의심하게 했던 〈매트릭스〉, 마법의 세계로 초대했던 〈해리 포터〉, 믿어주는 것의 중요성을 느끼며 아들과 함께 눈물을 흘리며 본 애니메이션 〈씽2게더〉 그리고 경쾌한 음악과 춤이 있는 〈맘마

미아〉 등 다양한 장르의 영화가 있고, 우리는 보고 싶은 영화
를 영화관이나 집, 어디서나 편하게 볼 수 있다.

여러 장르의 영화 중에서 아름다운 음악, 멋진 배우들과 함
께 있는 느낌 그리고 이국적인 배경의 뮤지컬 영화를 좋아한
다. 우리가 아는 많은 뮤지컬 영화 중 '경쾌한 음악, 아름다운
장면' 하면 떠오르는 영화는 바로 〈맘마미아〉다. 엄마인 도나
와 딸 소피가 푸른색 바다와 하얀색 건물로 대비되는 청량한
그리스 칼로카이리 섬에서 호텔을 운영하며 살다가, 결혼을 앞
두고 있던 소피가 엄마의 일기장에서 본 아버지 후보자(은행원
인 해리, 작가인 빌, 건축가인 샘)에게 초대장을 보내면서 영화
는 시작된다. 〈맘마미아〉를 보고 있으면 마치 'ABBA'가 영화
의 내용 전개에 맞춰 가사를 쓴 것 같은 착각마저 들었다.

이 영화를 보는 즐거움은 노래를 부르는 배우들, 특히 도나
를 연기한 메릴 스트립의 표정 연기를 보는 것이다. 진지하게
〈Money, Money, Money〉를 부르며 돈 걱정을 하고, 부자와

결혼하고 싶다고 노래하는 표정을 보면, 역시 메릴 스트립은 연기의 달인이라고 생각했다. 아버지 후보자인 해리, 빌, 샘은 모두 소피와의 대화를 통해 자신이 아버지라고 확신하고 결혼식에 참석했었지만, 자신의 딸이 아닐 수 있다는 상황에도 모두 함께 소피의 아버지가 되고자 하는 장면도 좋았다. 또 아버지의 부재로 자신이 원하는 것이 단지 아버지를 찾는 것이 전부였던 소피가 갑자기 생긴 3명의 아버지 덕분에 삶의 결핍을 채우고 스스로 원하는 것을 찾기 위해 결혼식을 하지 않고 연인 스카이와 여행을 떠나겠다고 선언하는 장면은, 넓은 세상으로 나가게 되는 소피의 성장 스토리라고 생각되었다. 아버지가 생겼다는 사실만으로 갑자기 원하는 것을 찾아 떠나겠다는 내용이 당황스러웠지만, 심리적 결핍이 해결되면 세상에 두려울 것이 없다는 이야기가 아니었을까? 주인공이 사라진 결혼식장에서 도나와 재회하며 자신의 마음을 깨닫게 된 샘은 도나에게 청혼하고, 여전히 서로 그리워하고 있었다는 것을 알게 된 도나가 청혼을 받아들이며, 부끄러운 듯 못 이기는 척 부르는 〈I DO, I DO, I DO, I DO, I DO〉는 이 영화의 웃음 포인트

이자 잊고 있던 수줍은 사랑의 감정 표현이라고 생각되었다.

　이 영화를 보며 생각하게 된 것은 '사람들에게 오래 사랑받는 음악에는 이유가 있다'는 것이다. 경쾌한 음악과 춤으로 지금 있는 곳을 축제의 현장으로 만들 수 있는 〈Mamma Mia〉, 〈Dancing Queen〉 등의 음악도 있지만, 담담히 위로를 건네는 〈Chiquitita〉 같은 음악도 있어 원하는 대로 기분에 따라 들으며 감정을 순화할 수 있다는 것 때문이 아닐까? '태양은 여전히 하늘에 있고 당신 위에서 빛나고 있다'라는 가사는 누구에게나 당연한 말이라고 생각하겠지만, 그 당연한 말도 앞이 보이지 않을 만큼 캄캄하여 생각나지 않을 만큼 힘들 때, 다시 한번 일어설 용기를 주는 것 같았다. 영화를 보고 음악을 들으며 행복을 느낄 수 있다는 것은 참 감사한 일이다. 우리의 삶이 언제나 축제일 수는 없겠지만, 언제나 좋아하는 영화가 함께 하기를 기대하며, "우리 오늘 영화 보러 가자."

도서관 가는 길

요즘 우리 주변에는 도서관이 많다. 마을마다 도서관이 있고, 우리 집 주변에도 금빛도서관, '집 앞 작은 도서관'을 표방하는 해품터 직지 작은도서관도 있다. 하지만, 30년 전에는 친구들과 도서관에서 보자고 하면 지금은 교육도서관으로 불리는 사직동 언덕 위에 있는 중앙도서관. 버스정류장에서 내리면 도서관으로 가는 여러 길 중에서 어떤 길로 가더라도 언덕을 올라야만 했다. 거리는 가깝지만 경사가 심한 충혼탑 옆길과 거리는 멀지만 경사가 완만하고 상수리나무 잎 사이로 반짝이는 햇빛을 보며 올라가는 길 중 어느 곳을 선택해도 땀이 흐르고, 숨이 차오르는 것을 피할 수는 없었다. 도서관에 도착

오늘 하루 토닥토닥, 우리 꽃길만 걸어요

하면 시원한 바람을 맞으며 '여기까지 힘들게 왔으니, 오늘 하루 열심히 하자.'라며 의지를 불태우곤 했다. 물론 도서관에서 책만 읽고, 공부만 했던 것은 아니었다. 열람실에 앉아 공부할 때 열린 창문으로 들어오던 바람이 좋았고, 풀리지 않는 문제에 대해 친구와 소곤소곤 이야기하다가 갑자기 커져 버린 목소리에 당황했던 일, 식당에서 밥을 먹고 쉬는 시간에 수다를 떨다가 바람에 떨어져 데굴데굴 굴러가는 나뭇잎에도 깔깔대며 웃던 일들이 생각났다. 재미있는 일들도 많았지만, 무엇보다 도서관에 가는 이유는 책이었다. 교과서에서 배웠던 신경림 시인의 책을 읽으며 시인이 되기를 꿈꾸었고, 텔레비전으로 보았던 『토지』를 읽으며 멋진 소설가가 되고 싶었다. 나도 얼른 껍질을 깨고 나와 무언가를 이루어 세상을 향해 멋지게 날아오르길 원했다.

아이가 어릴 때는 도서관에 자주 다녔다. 도서관에 행사가 있으면 신청하고, 행사가 없어도 그냥 가서 책을 읽다가 오기도 했다. 또 시간 맞춰 가면 고등학생 형·누나들이 아이들에게

읽어 주는 동화책을 들으며 아이는 아이대로 행복하고, 책꽂이 주변 구석에서 잠시나마 나만의 세계로 빠져들 수 있었다. 우리 집에는 도서관에서 활동했던 즐거운 추억과 기념품이 있다. 벚꽃 밑에서 책을 읽는 사진을 찍고 기념으로 받았던 개구리 모양 연필 한 자루, 독서 마라톤을 완주해서 받았던 목에 거는 선풍기와 완주 메달 그리고 글쓰기 과정에서 만들었던 문집까지……. 지금도 제일 좋아하는 최덕규 작가의 『여름이네 병아리 부화 일기』를 읽고 유정란을 구입하여 병아리를 부화시키며, 병아리가 모두 다 부화하면 어디서 키우나 걱정하기도 하고, 병아리를 키워 부자가 되기를 꿈꾸었고, 이분희 작가의 『한밤중 달빛 식당』을 읽고 내가 바꾸고 싶은 나쁜 기억이 무엇이 있을까 생각하다가, 나쁜 기억이 사라진다고 해서 우리는 과연 행복한 삶을 살아갈 수 있는가에 대해 생각해 보기도 했다. 어머니의 부재로 힘들어하던 아버지와 연우가 서로 어려움을 이야기하는 것만으로도 힘이 되는 부분에서는, 아무리 힘들어도 문제의 본질과 가족의 소중함을 알고 있다면 문제를 해결할 방법은 어렵지 않다는 것을 깨닫기도 했다. 무엇보다 아이와의 도서관 나들이의 좋은 점은 식당에서 점심을 먹는 것이다. 아이가 좋아하는 돈가스와 우동을 시켜서 서로 나눠 먹으면서 "책 속에서 누가 이랬더라. 저랬더라."라며 작은 입으로 재잘재잘 이야기하는 것을 듣다 보면, 다 아는 내용이지만 새로운 이야기를 듣는 것처럼 재미있었다. 우리의 추억이 있는 교육도서관은 리모델링 공사로 일시적으로 이전하였다. 옮겨 간 곳은 여러 이유로 방문하지 못하다가, 특강을 신청하여 오랜만에 도서관 가는 길은 기대감으로 가슴이 뛰었다.

도서관 프로그램 중 함께 책을 읽고 온라인으로 감상을 이야기하는 '온라인 북클럽'이 있어 신청했었다. '혼자 가면 빨리 가고, 함께 가면 멀리 간다'는 격언처럼 혼자 책을 읽고 생각하는 것으로 끝나는 것이 아니라, 다른 사람과 느낀 점을 이야기하며 사람들을 이해하게 되고, 다양한 삶의 가치에 대해 생각하는 시간이었다. 현재뿐만 아니라 과거와 미래를 살게 하고, 현실에는 존재하지 않은 인물을 만나게 하며, 지금 우리가 당연하게 누리는 것들에 대해 감사하는 마음을 갖도록 해 주는 책. 아이와 함께하는 도서관 나들이, 도서관 가는 길이 기대된다.

오늘 하루 토닥토닥, 우리 꽃길만 걸어요

에드바르 뭉크,
일상으로의 초대

한가람미술관에서 전시 중인 〈에드바르 뭉크: 비욘드 더 스크림〉 전시회에 다녀왔다. 지난 5월 고려시대 불화인 '수월관음도'가 수장고로 들어간다는 뉴스에 다녀왔던 박물관 나들이 후, 오랜만에 가는 서울 구경에 기분이 좋았다. 무엇보다 전 세계에 흩어져 있는 뭉크의 작품을 소장처 23곳에서 모아 한곳에서 감상할 수 있다는 특별함에 가슴이 설레었다. 전시회장에 들어가 작품을 보았을 때, 영화 〈나니아 연대기〉에서 옷장으로 들어간 아이들이 눈 덮인 숲속을 들어가는 것을 처음 봤을 때의 느낌과 비슷했다. 오디오 가이드의 설명을 들으며 작품을 보니 들은 내용을 찾아보는 재미가 있어, 역시 '아는 만큼 보인다.'라는 말이 저절로 생각났다.

　뭉크의 〈절규〉는 특유의 표정으로 유튜브의 짤에서 수없이 복제되어 사람들에게 재미를 주고 있어 미술에 문외한인 나도 알고 있는 작품이다. 메케베르크 언덕 위로 보이는 핏빛 하늘, 거친 선을 물결치듯 겹쳐 어지럽게 돌아가는 선들, 눈, 코, 입만으로 간략하게 표현된 해골바가지 같은 표정에서 두려움과 고통이 고스란히 느껴졌다. 작품 설명을 보기 전에는 단순히 인간의 두려움과 절망을 그린 것으로 생각하였는데, 작품 설명을 보니 거대한 자연 앞에서 느끼는 두려움, 패닉, 극한의 공포를 묘사한 것으로, 주인공의 고립은 그의 정서적 상태와 강박을 나타낸 것이라고 한다. 이 고립을 표현한 다른 작품은 〈불안〉으로, 〈절규〉와 같은 배경의 메케베르크 언덕의 핏빛 하늘, 사람들과 함께 존재하지만, 어떤 것에도 관심 없는 무표정한 얼굴에서 사람들 각자의 외로움과 고독, 고립감과 불안함이 그림을 통해 전달되는 것 같았다.

뭉크의 작품을 감상하다 보니 대비 기법을 사용하여 신비한 분위기를 연출한 작품들이 많았다. <해변의 두 여인>이라는 작품을 살펴보면 젊은 여인은 밝게, 늙은 여인은 어둡게 흑백 대비가 되도록 그려 삶과 죽음처럼 극명한 대비를 보여 주었다. 이러한 대비는 <마돈나>라는 작품에서도 볼 수 있는데, 여인의 성스러운 모습과 팜므파탈의 모습을 모두 가진 인물로 표현된 것이 이상하고도 신기했다. 하지만 배우자가 있었으나 뭉크와 사랑했고, 이혼 후 다른 남자와 결혼한 첫 번째 여인, 뭉크와 연애 중 그의 친구와 결혼한 두 번째 여인 그리고 그에게 집착하고 결혼을 강요하며 쏜 총알이 손가락에 맞아 화가로서의 삶을 위태롭게 했던 세 번째 여인까지. 그의 연애사를 알아 갈수록 그가 그린 여성상에 대해 이해할 수 있었고, 안타까운 마음마저 들었다. 또한 뭉크는 작품을 자연에 노출시켜 노화 과정을 그대로 담아내어, 작품에 시간이라는 요소를 도입하는 '로스쿠어(Rosskur)' 기법을 사용하였다. <붉은 집>이라는 작품에는 곰팡이 반점과 새의 배설물이 있다고 하여 눈을 크게 뜨고 이리저리 살펴보았으나, 이런 명작에 있으니 화가의 의도대로 곰팡이도 새똥도 매우 자연스러워 알아보기 어려웠다.

내가 이번 전시회를 통해 뭉크에 대해 알게 된 것은 화가로서의 천재성뿐만이 아니라, 여느 화가들처럼 불행한 삶을 살았으나 일상의 소중함을 알고 행동하는 삶을 살았다는 것이다.

"더는 남자가 책을 읽고 여자가 뜨개질하는 장면을 그리지는 않을 것이다. 숨 쉬고, 느끼고, 고통받고, 사랑하는, 살아 있는 인간을 그릴 것이다. 당신은 그 일상의 성스러움을 이해해야 하며, 이 일상에 대해 사람들은 교회 안에서처럼 모자를 벗어 경의를 표해야 한다."라는 그의 선언과 같은 문장에서 결연한 마음을 알 수 있었다. 불안과 상실의 감정으로 삶이 불행하더라도 우리의 삶에 감사하는 마음을 갖는다면, 또 하루를 살아갈 힘을 얻을 것이다. 우리 다시 시작되는 오늘에 감사하며, 새로운 한 주도 신나게 달려 보자. 출발~

　　　오늘 하루 토닥토닥, 우리 꽃길만 걸어요

가을을 기다리며

9월이다. 더웠던 여름날 에어컨 바람에 의지하며 손꼽아 기다리던 9월이다. 기후 변화의 여파로 올해 여름은 유난히 덥고, 국지성 호우로 인해 수해 걱정을 많이 했던 여름이었다. 요즘 하늘은 더 푸르러지고, 나무의 초록색 잎은 한여름에 보던 색이 아닌, 노랗고 붉은색을 조금씩 띠고 있다. 저녁이면 들려오는 귀뚜라미 소리, 아침저녁으로 불어오는 시원한 바람을 마주하고 있으면 가을이 다가오고 있음을 느끼게 된다.

보들보들 연두색 잎이 돋아나고 꽃이 흐드러지게 피는 봄. 참외, 수박, 얼음이 들어간 음료 그리고 에어컨으로 더위를 피하고 싶은 여름. 더위, 장마, 태풍의 시간을 보낸 후 결실의 가을. 눈사람을 만든 후 폭신한 눈 위에 누워 흩날리는 눈을 볼 수 있는 겨울. 사계절 중 기대되지 않는 계절이 있을까마는 가을은 수확의 즐거움이 있어 더 기다려진다. 아삭아삭 새콤달콤 맛있는 사과, 하얀 과육에 단물이 많아 저녁 식사 후 한 조각이면 만족스러운 배. 깜깜한 밤하늘의 반짝이는 별이 내려온 듯한 검푸른 포도, 오독오독 씹을수록 달큰한 맛이 나는 밤과 아작아작 몸이 건강해지는 대추. 그리고 호호 불어 가며 우유와 함께 먹으면 행복한 군고구마까지. 가을이 되면 친정 주변 밤나무에서 밤이 떨어진다. 우리는 그저 감사한 마음으로 떨어진 밤을 줍기만 하면 되는 것이다. 밤 줍는 재미에 모기에 뜯기는 줄도 모르고 낙엽 사이에 떨어져 반짝이는 밤을 주워 날밤으로도 먹고, 쪄 먹기도 하면서 가을이 왔음을 온몸으로 느끼는 것이다.

또 고구마 수확은 어떤가? 초록색의 무성한 줄기를 걷어 내며 고구마 캐는 일은 힘들지만, 나름대로 재미있다. 줄기가 있던 자리를 살살 캐 내려가면 대여섯 개의 고구마가 하나의 줄기에 연결되어 있는 것을 볼 수 있다. 돌 하나로 새 두 마리를 잡아 '일석이조(一石二鳥)'라는 말이 생겼는데, 하물며 호미질 몇 번에 여러 개의 고구마를 캘 수 있으니 더할 나위 없이 즐거운 일이다. 고구마를 잘 캐기 위해서는 고구마 주변의 흙을 살살 긁어 가며 캐야 호미 자국 없이 캘 수 있다. 앞에 보이는 고구마만 보고 호미질하거나 한눈이라도 팔았다가는 굵고 튼실한 고구마에 호미 자국이 나거나, '뚝' 하고 부러져 상품성이 떨어지는 일이 왕왕 발생한다. 하지만 고구마에 호미 자국이 나거나 부러졌다고 해서 상심하지 않아도 된다. 상품성이 없는 고구마는 농사짓는 사람들끼리 나눠 먹으면 그만이니 말이다.

요즘 시골에는 멧돼지가 출몰한다. 고구마가 굵어지는 8월부터 밭을 드나들며 고구마를 파먹는다. 친정에서 호박고구마와 꿀고구마를 심었는데, 호박고구마를 먼저 다 파먹은 후 꿀고구마도 먹기 시작했다. 지금 캐고 있는 고구마보다 멧돼지가 먹다 남은 고구마 조각이 더 실한 것을 보면 분명 멧돼지에게는 냄새만으로도 땅속에 있는 굵고 맛있는 고구마를 구분할 수 있는 능력이 있는 것 같았다. 멧돼지가 고구마를 다 먹을까 서둘러 고구마를 캔 날에는 저녁 먹을 생각에 즐겁게 내려온 멧돼지가 빈 고구마밭을 보고 당황할 모습을 상상하니 싱긋이 웃음이 나기도 하고, 추운 겨울을 대비해야 하는 멧돼지가 저녁도 먹지 못하고 힘없이 터덜터덜 돌아가는 모습을 상상하게 되니 미안한 마음도 들었다.

가을은 소리로도 온다. 귀뚜라미는 부지런하게도 계절을 알린다. 여름 내내 울어 대던 매미와 계주를 하듯이 낮에는 매미가, 저녁에는 귀뚜라미가 소리 내어 운다. 운동을 끝내고 귀뚜라미 소리를 들으며 집으로 걸어오는 길에는 하루를 정리하고, 해야 할 일을 생각하며 일상의 소중함에 감사하게 된다.

낮에는 아직 더위가 기승을 부려도 어디서나 볼 수 있는 청명한 하늘과 조금씩 색이 변하고 있는 나뭇잎, 잦아드는 매미 소리와 저녁이면 들려오는 귀뚜라미 소리, 아침저녁으로 불어오는 선선한 바람에서 가을이 멀지 않았음을 온몸으로 느끼고 있다. 이렇게 가을은 우리에게 조금씩 다가오고 있다.

가을 산에서
삶의 이정표를 만나다

　하늘은 높고 말은 살찐다는 천고마비(天高馬肥)의 계절이다. 이 가을을 온전히 즐기고, 튼튼한 몸과 마음으로 다가올 겨울을 나고자 가까운 곳으로 산행을 준비한다. 백제시대에는 일모산, 신라시대에는 연산, 그 뒤에는 승병을 길렀던 곳이라 하여 양승산, 양성산으로 불렸던 산이 우리의 목적지다. 양성산은 집에서 가깝고 대청댐의 수려한 경관을 한눈에 조망할 수 있어 인기가 많을 뿐만 아니라, 두 번의 등산 경험이 있어 함께 산을 오르는 일행에게 추천했다. 출발은 좋았다. 화장실 옆 계단으로 한참을 올라갔다. 오르는 길에 들리는 10월의 매미 소리가 찬란했던 여름날을 그리워하는 것 같기도 하고, 며칠 남지 않은 삶을 준비하는 것 같아 서글프기까지 했다. 양성산 돌탑에서 사진을 찍은 후 가져간 간식을 먹으니 역시 꿀맛이다. 휴식을 취한 후 나라의 태평함을 기원하는 국태정(國泰亭)으로 향한다. 이 국태정은 우리에게 팔각정으로 알려져 있으며, 정자에서 보는 대청댐은 그림처럼 아름답다. 푸른 물 위, 하얀 안개를 보니 역시 장관이다. 가까이에서 보는 안개는 시야를 가려 운전하기 힘들지만 멀리서 보는 안개는 아름다운 경치의 완성이다. 정자에 올라 사방을 둘러보니 논과 밭에 누렇게 익은 농작물이 가을임을 알린다. 우리 동네가 어디쯤 보이는지 한참을 찾아보다가 길을 잡아 내려왔다. 국태정으로 가는 길은 계단이 있어 숨이 턱에 닿을 듯 올라갔는데, 지금은 평평한 능선을 걸어간다. 이상하다. 올라갈 때 보지 못했던 밤나무가 줄지어 있다. 그렇다. 우리는 길을 잘못 든 것이다. 두 번이나 와 봤다는 자신감에 어디인지도 모르는 곳으로 가고 있는 것이다. 그것도 일행과 함께. 일행을 끌고 말이다.

전에 와 본 것 같은 오솔길을 걸으며, '모든 길은 한곳으로 통한다'는 안일한 생각으로 계속 걸었다. 불안한 마음이 커질 때쯤, 밑으로 이정표가 보였다. 밑으로 내려가 가까이 다가가서 보니 우리의 목적지인 주차장과는 반대 방향인 작두봉을 향해 걷고 있었다. 방향을 돌려 국태정으로 가기로 했다. 다시 위로 올라가 왔던 길로 되돌아갔으면 좋았으련만 우리는 이정표가 있는 골짜기 옆길을 택했다. 미끄러질 듯 내려가면서 이 길이 맞는지 궁금할 때쯤 산악회에서 매어 놓은 리본을 보고 길 잃은 헨젤과 그레텔처럼 길을 따라갔다. 한참을 내려가다 보니 올라오는 사람이 있다. 다행이다. 길 잃은 우리에게 길을 알려 줄 귀인이 나타난 것이다. 반가운 마음에 크게 인사를 하고 주차장을 어떻게 가느냐고 여쭈니, 길을 따라 내려가다가 큰길이 나오면 오른쪽으로 꺾어 올라가라고 알려 주신다. 우리가 가야 할 곳을 알고 나서야 길을 잃어도 119에 도움을 요청할 수 있으니 마음을 편하게 갖자는 시답지 않은 농담이 나온다. 길 잃은 길잡이로서 얼마나 긴장했던지, 큰길을 마주하고 나서야 긴장이 풀려 쉴 곳을 찾았다. 아는 곳에서 쉬니 마음이 더 편하다.

산에서 내려와 뜨끈한 칼국수를 먹으며 오늘의 산행에 대해 생각해 보았다. 두 번 와 봤다는 자만심으로 등산로를 잘못 선택했을 때 충분히 다른 선택을 할 수 있었다. 그리고 올라갈 때는 보지 못했던 밤나무를 발견했을 때, 내려올 때 정자에서 만났던 사람들을 한 명도 만나지 못한 것을 이상하게 생각했을 때 다시 돌아갈 수 있었다. 하지만 길을 잘못 들었으니 다시 돌아가자고 말하는 것이 어려워 왔던 길이 아님을 알면서도 멈추지 않았던 상황도, 지금 생각해 보면 충분히 돌릴 수 있었다. 아마 우리가 길을 잃었다는 것을 깨닫지 못하고 도움이 절실하지 않았더라면 지나가는 사람의 말에 귀 기울이지 않았을 수도 있다. 이런 일이 오늘 한 번뿐이랴? 지금까지 나에게 귀한 말씀을 건네셨던 분은 수없이 많았을 것이다. 단지 마음에 닿지 않았을 뿐. 겸손한 마음으로 실수를 인정하고 방법을 찾는 것. 그것이 우리 삶을 살아가는 최선의 방법이다.

인생은 '럭키비키'

요즘 대세는 '힐링'이다. 다른 사람들과 부대끼며 경쟁하고, 과중한 업무 스트레스로 인해 힐링이 필요하다. 철밥통이 무슨 스트레스를 받느냐고 핀잔하는 사람도 있겠지만, 먹고사는 문제인 직업에는 수월한 것이 없다. 그러니 '업(業)'이라고 하지 않는가? 업무로 인해 다른 사람과의 관계가 어려웠던 날은 음식을 먹거나 가만히 누워 있곤 한다. 조금이라도 움직일 힘이 있다면 바람을 맞으며 살랑살랑 인근 공원을 걷거나 친한 친구를 만나 수다를 떨면 좋으련만, 언제나 그럴 수 있는 힘이 있는 것도 아니다. 나만의 동굴로 한없이 들어가고 있을 때 힐링 연수를 가게 된 것은 너무나 럭키비키 한 일이었다.

이 '럭키비키'라는 말은 IVE 장원영의 일화로, 유명한 빵집에 맛있는 빵을 사러 갔을 때, 빵이 나오기를 기다리다가 바로 앞에서 빵이 소진되어 기다려야 할 때, 금방 나온 따뜻한 빵을 먹게 되어 운이 좋다는 이야기로, 모든 일은 마음가짐이 중요하다는 '일체유심조(一切唯心造)'와 비슷하다. 우리가 고민이나 어려운 일이 있을 때 걱정하기 시작하면 끝이 없다. 이럴 때는 목소리를 내서 걱정을 끊어 주는 것도 하나의 방법이다. 큰 소리로 "이거 정말 럭키비키잖아." 이렇게만 말해도 불안한 마음이 안정되는 느낌이다. 제천으로 운전해서 가는 길에 내비게이션을 보니 길을 잘못 들어 목적지까지 남은 시간이 늘어난다. 당황하여 길을 잘못 들었는지 고민하다가 "이거 정말 럭키비키잖아. 충주호 가을 단풍을 보게 되다니!"라고 큰 소리로 말하니 재미도 있고, 불안감이 줄어들었다.

연수원은 급식소를 운영하지 않아 인근 식당에서 밥을 먹었다. 사장님 음식 솜씨가 정말 좋아서 모든 음식이 엄마가 해 주신 것처럼 담백하고 맛있다. 직접 음식을 하지 않아도 맛있는 밥을 먹을 수 있음에 감사한 마음뿐이다. 첫날은 수천 년 동안 티베트에서 사용되어 온 싱잉볼 명상을 했다. '노래하는 그릇'이라니, 이름부터 너무 낭만적이다. 이 싱잉볼은 고요하면서도 울림 있는 소리를 낼 뿐만 아니라, 싱잉볼에 물을 담아 말렛으로 문지르니 소리와 진동이 발생하며 물이 회오리치는 모습도 신기했다. 두 명씩 짝을 지어 몸 위에 싱잉볼을 올려놓고 쳐 보니, 평상시에는 조급한 성격 탓에 가슴이 답답했는데, 몸으로 퍼지는 울림에 몸의 피로가 풀리고 마음이 여유로워지는 것 같았다.

이튿날 아침, 일출을 보기 위해 정방사에 올라갔다. 이 정방사는 금수산 기암절벽 위에 있는 절로 입구인 일주문이 다른 절과는 달리 기둥이 아닌 바위로 되어 있다. 일주문을 지나면 초록색 이끼 위에 도토리 갓을 쓴 동자승이 있고, 원통보전을 지나면 한쪽 벽면 전체가 자연 상태의 바위를 살려 지은 지장전이 있다. 바위를 없애지 않고 원래 상태를 보존하여 전각을 짓고 불화를 그린 것을 보니, 자연을 존중하는 선조들의 아름다운 마음과 멋진 솜씨에 경이로움을 느꼈다. 해가 떠오르며 운해가 걷히길 기다렸으나, 운해가 걷히지 않아 일출을 보지 못한 채 아쉬운 마음으로 내려왔다.

이 연수의 백미는 단양과 제천에서 이루어진 지역탐방이다. 장회나루에서 배를 타서 청풍나루에서 내리는 코스로 푸른 하늘 아래 배 위에서 경치를 보고 있자니 마음이 여유롭다. 아침에 올라갔던 정방사가 어디쯤 있는지 둘러봐도 보이지 않는다. 아쉬운 마음을 뒤로하고 배에서 내려 케이블카를 타고 비봉산 전망대에 오르니 악어가 떼 지어 호수로 들어간다. 나무 한 그루, 한 그루가 거친 악어의 느낌을 살려, 살아 있는 악어처럼 보인다. 전망대 포토 존을 배경으로 사진을 찍으니, 역시 배경이 좋아 사진이 잘 나온다. 가을바람을 맞으며 오솔길을 걷다가 올라오는 계단에 적혀 있는 글을 보고 머리에서 종소리가 울리는 것 같았다.

'지금 재 걱정할 때가 아니다. 내가 더 걱정이다.'

맞다. 앞에 선 다른 사람을 바라보며 비교하지 말고, 지금 있는 그대로의 나를 먼저 봐야 한다. 물론 언제나 만족할 수는 없다. 하지만 우리가 포기하지 않고 열심히 노력한다면 언젠가는 원하는 대로 이루어질 것이다. 바다가 없는 충북에서 멀리 가지 않고도 넓은 호수를 볼 수 있다는 것은 럭키비키 한 일이다. 그리고 힐링 연수, 완벽한 럭키비키였다.

세상의 모든
'미룬이'를 위하여

　　유튜브를 틀어 놓고 설거지를 하다가 귀에 꽂히는 노래를 들었다. '시작이 제일 어려워 미룬이, 완벽하지 못할까 봐 지금 이~로 시작하는 노래다. 이 〈미룬이〉를 듣다 보니 처음에는 우습다가, 내 얘기인가 싶어 가슴이 뜨끔하다. '시작이 반이다'라는 말에서 알 수 있듯이, 우리나라 사람들은 시작을 중요하게 생각한다. 하지만 우리가 아무것도 시작하지 않는다면 어떤 것도 이루어지지 않는 것을 알면서도, '하루 물림이 열흘 간다'라는 말처럼 자꾸 미루게 되는 것도 사실이다. 지나고 보니 일이라는 것은 시작하면 좋든지 나쁘든지 결과가 있기 마련이고, 우리가 원하는 것은 그 일을 완벽하게 끝내는 것이다. 평상시에 책을 잘 읽지 않는 자녀가 시험 기간에 시험공부를 하지 않고 책을 읽는 것을 보며 '당장 시험공부를 해야 하는데 누굴 닮아 자꾸 미루나?' 싶다가도 멀리서 찾을 것도 없이 할 일을 미루고 스마트폰으로 이것저것 끊임없이 찾아보는 나를 닮은 모습에 웃음이 난다.

우리가 더 이상 일을 미루지 못할 때까지 미루는 이유는 무엇일까? 이 일은 효율적으로 지금 당장 급하지 않으니 다음에 하고, 저 일은 하고 싶지 않으니 다음에 하는 것처럼, 일을 미룰 때는 '효율'을 따지기 때문이다. 우리를 둘러싼 환경은 개인마다 다르고 가치관이 다르기 때문에 가치 판단의 기준이 되는 효율도 다를 수밖에 없다. 그리고 이 효율에서 구간별 계획을 세울 때 우리는 빨리 끝낼 수 있다고 생각하고 최소한의 시간으로 계획을 세우지만, 일을 하다 보면 시간이 더 걸릴 때가 많다. 이럴 때 마음이 급해지면 실수를 하게 된다. 이런 일을 방지하기 위해서라도 여유 있게 계획을 세워 실행해야 한다.

아무리 계획을 잘 세워도 인생은 계획대로 되지 않는다. 공부나 운동처럼 일상생활 속에서 해야만 하는 일들도 있다. 공부나 운동을 미루지 않고 꾸준히 한다면, 바로 결과가 눈에 보이지 않아도 기본을 다져 우리의 실력을 올려 주고 건강하게 해준다. 공부와 운동의 결과가 언제나 우상향 그래프로 나타난다면 실력이 향상되는 즐거움에 열심히 할 수 있겠지만, 실시간으로 눈에 보이지 않는 구간에서는 효율적이라고 생각되지 않기 때문에 계속해야 하는지, 말아야 하는지를 고민하는 것이다.

여기서 중요한 것은 해야 할 일을 하는 것인지, 아니면 해야 할 일이 있는데 싫어서 미루고 있는 것인지를 확인해야 한다. 그것을 정확하게 알아야만 열심히 살고 있다는 마음의 위안에 미혹되지 않을 수 있기 때문이다. 단순하게 생각하더라도 하고 싶은 일을 하면서 살기 위해서는 하기 싫은 일도 해야만 한다. 우리가 하기 쉽고, 좋은 일만 하고 살 수는 없기 때문이다.

우리는 완벽하지 않아도 된다. 걱정만 하고 시작하지 않는다면 바뀌는 것은 아무것도 없다. '오늘 걷지 않으면 내일 뛰어야 한다'는 말만 보아도 미루는 습관이 계속된다면 지금 당장은 편하지만, 나중에는 더 많은 시간과 노고가 들어간다는 것을 알 수 있다.

또, '걱정'도 하나의 이유다. 걱정을 하는 것은 해야 하는 일에 대해 잘 모를 때나, '다른 사람'의 눈으로 나를 볼 때 생기는 것이다. 지금의 나보다 더 좋은 사람, 더 능력 있는 사람으로 보이고 싶은데 그렇게 보이지 못할까 봐 걱정하는 것이다. 함께 어울려 살아가는 세상에서 다른 사람을 배려하지 말라는 의미가 아니라, 다른 사람의 눈치를 보느라 스스로 그리스 신화 속의 에코처럼 다른 사람의 말만 반복한다면 삶을 살아가는 주체성마저 잃고 사라져 버리는 것이 아닐까?

우리 모두 '이룬이'가 되기 위해 필요한 것은 '효율'을 생각하지 않고 완벽하지 않아도 된다는 생각과 부족하지만 다른 사람의 시선을 '걱정'하지 않는 약간의 뻔뻔함. 그리고 해야 할 일들을 여유 있게 계획하고, '그냥' 하는 추진력이다.

오늘 하루 토닥토닥, 우리 꽃길만 걸어요

우리,
다시 만날 수 있을까?

수능이 끝났다. 지금까지 수능 날에는 불어오는 바람에 옷깃을 세우며 종종걸음을 걷게 되는 추운 날씨였다. 그런데 올해는 예년만큼 춥지 않았다. 지난 주말에 산책하다 보니 반팔 입은 사람들이 심심치 않게 보인다. '11월에 반팔 옷을 입다니.' 이런저런 생각을 하다가 중학교를 졸업하며 친구와 했던 약속이 생각났다. 우리가 60살이 되는 해 크리스마스에 눈이 오면 철당간에서 만나자던 약속. 지금 생각하면 참 허술하기 짝이 없다. 크리스마스에 눈이 오면 만나자니.

우리 아이는 어릴 때부터 곤충을 좋아했다. 어린이집에 다니던 때에도 곤충을 잡아 친구들과 함께 관찰하곤 했다. 그래서 생물 종 다양성을 탐사하는 '바이오블리츠'와 무심천 발원지 탐사 등을 다녀왔었다. 참가했던 바이오블리츠는 고창 선운산 일대에서 1박 2일로 진행되었는데, 낮에는 채집망으로 곤충을 잡고, 밤에는 불빛으로 곤충을 유인하여 우리 주변에 살고 있는 곤충을 관찰했다. 그리고 산 일대를 돌아다니며 자생하고 있는 식물을 살펴보며 특징을 적고 그려 보았다. 그때 꿀꽃을 알게 되어 지금도 지나는 길에 꿀꽃이 있으면 아이와 함께 꿀을 먹는 나비처럼 꿀꽃을 빨곤 한다. 또 밤에 우는 새와 아침에 우는 새의 소리를 들으며 '어떤 새일까?' 추측해 보고, 망원경으로 관찰했다. 지금도 생각나는 새는 '산비둘기'로, 어릴 때부터 우는 소리를 많이 듣던 새였는데, 이름을 알게 되니 더 친숙하게 느껴졌다. 1박 2일간의 탐사를 마치며 생물의 다양성을 유지하기 위해서 어떤 노력을 해야 하는지 생각하고 토론했다. 무심천 발원지로 탐사를 갔을 때는 우리나라의 기후변화 생물 지표종인 꼬리치레도롱뇽에 대해 배운 후 꼬리치레

도롱뇽을 관찰하기 위해 주변을 찾아보았으나, 부화하기 전 도롱뇽 알만 볼 수 있었다. 우리들은 발원지 주변 쓰레기를 줍고, 주변 환경을 보호하여 도롱뇽 알이 잘 부화하여 우리들 곁에 오래도록 함께 있기를 기원했다.

몇 년 전부터 따뜻해진 날씨로 가을에 피는 철쭉과 진달래가 신기하기만 하더니 이제는 우리 자녀들이 살아갈 세상이 걱정이다. 예전에는 사계절이 뚜렷한 온대기후였으나, 지금은 여름과 겨울만 뚜렷하게 남은 기후로 변화하고 있는 것 같다. 제주도에서는 열대과일인 바나나가 생산되고, 귤은 크기만 커지고 익지 않은 상태로 떨어져 평년보다 작황이 좋지 않다는 기사가 나온다. 사과 생산지는 점점 대구, 연풍, 충주를 지나 강원도 양구에서 생산되고 있다. 요즘 빨간 사과보다는 노란 사과가 많이 보이는 이유도 기후 변화로 인한 품종 개량 때문이라고 한다. 올해 여름 고온 현상과 잦은 기상 이변으로 생육이 부진해 가격이 폭등했던 배추도 그렇다. 내가 나고 자란 고장은 고추가 유명한데, 올해는 더위와 잦은 비로 고추가 쉽게 짓물러 병충해가 생겨 고추 농사가 잘되지 않았다. 이런 것만 보아도 기후 위기는 멀리 있는 것이 아니라 우리 가까이 있다. '기후 위기를 늦추기 위해 우리가 할 수 있는 일은 무엇일까?' 고민하던 중 날씨가 갑자기 추워졌다. 어제는 반팔을 입었는데, 갑자기 떨어진 영하의 날씨에 길가에 핀 꽃과 풀들이 서리를 맞아 까맣게 색이 변해 녹아내린다. 사람은 옷을 입고 난방을 하여 추위를 피할 수 있지만, 개구리, 도롱뇽을 비롯한 다른 야생 동물들은 갑자기 추워진 날씨에 어떻게 지내고 있을까? 제때 안전하게 땅속으로 들어갔는지, 생각이 많아지는 날씨다.

친구를 만나기 위한 필요조건인 크리스마스에 눈이 오지 않는다면 우리는 앞으로 만나지 못하게 되는 것일까? 이런 날씨가 계속된다면 우리는 속에 노랗게 꿀이 박힌 빨간 사과를, 배추로 담근 김치를 앞으로 먹을 수 있을까? 그리고 무엇보다 우리나라의 기후 변화 생물 지표종인 '꼬리치레도롱뇽'을 계속 만날 수 있을까?

11월의 따뜻한 햇볕 아래 뒤늦은 가을을 즐기다 기후 위기를 생각하니 두려움마저 들었다. '우리, 다시 만날 수 있을까?'

소중한 일상을 만나는 곳,
재래시장

　여유로운 주말 아침이다. 느지막이 일어나 기지개를 켠다. 종종거리며 출근 준비를 할 때와는 달리 게으름을 피워도 조급한 마음이 들지 않는다. 특별히 할 일이 없는 주말에는 간단히 아침을 먹거나, 생략하고 시장으로 간다. 요즘 재래시장은 구입한 물건을 무겁게 들고 다니지 않고 카트에 넣어 밀고 다닐 수 있고, 주차도 편리해졌다. 시장 입구부터 제철 과일, 떡, 만두, 크로켓, 빵 그리고 지금 막 만들어 따끈따끈한 호떡 등 먹을 것이 많다. 또 생선, 고기, 손질된 닭발, 청국장, 두부, 나물이나 장조림 등 반찬, 각 나라의 식료품 등 파는 물건이 다양하다.

매대에 놓인 단감을 보니 주황색 껍질을 까 아작아작 맛있게 먹을 생각에 행복하다. 아이는 꿀떡을 좋아하는데, 정작 꿀떡은 가끔 사게 된다. '아는 것이 힘'인지, '모르는 것이 약'인지 모르겠지만 아이의 건강을 위해 매번 꿀떡을 사지 않고, 찰떡, 인절미, 모시송편 등 다양한 종류의 떡을 돌아가며 구입하게 된다. 남편이 좋아하는 크로켓은 또 어떤가? 먹음직한 황금색과 고소한 향으로 보는 사람의 입맛을 자극하며, 속에 품은 것을 쉽사리 드러내지 않는다. 크로켓의 부드러움과 바삭함은 '기름에 튀기면 무엇이든 맛있다'는 말을 온몸으로 느낄 수 있는 메뉴다. 또 연세 있으신 부모님을 위해 생선을 구입할 때는 가시를 발라내는 번거로움을 줄이고, 맛있는 생선이 어떤 것이 있는지 고민하게 된다. 갑자기 추워진 날씨로 가볍고 따뜻한 엄마 조끼까지 사면 오늘 구입할 물품은 끝이다. 색을 고를 때는 사뭇 진지해진다. 주변에서 어르신들은 빨간색 꽃무늬가 들어간 것을 좋아한다고 추천하지만, 취향을 고려하여 너무 튀지 않는 색의 잔잔한 꽃무늬를 고르게 된다. 물건을 고를 때면 가족들이 좋아하는 모습이 생각나서 행복한 마음이 든다. 삼겹살 한 근, 동태 한 마리, 두부 한 모, 쑥갓 한 봉지, 어느 음식에나 어울리는 버섯 한 근, 양파 한 망, 당근 서너 개, 바나나 한 다발, 단감 한 망과 귤 한 봉지를 사면서 삶의 즐거움을 느낀다.

시장 구경의 가장 큰 즐거움은 길거리 음식이다. 기름에 튀기듯 구운 호떡, 요즘처럼 날씨가 추울 때는 뜨끈한 어묵 국물과 어묵, 붕어빵 그리고, 계절에 상관없이 우리의 선택을 받는 떡볶이와 튀김이 있다. 여기에 떡볶이와 함께 먹는 꼬마김밥, 만두, 쫄깃쫄깃하고 알알이 뜯어 먹는 재미가 있는 옥수수, 근 단위로 파는 옛날 과자, 뜨끈하게 먹을 수 있는 국밥, 먹을 곳도 많고, 먹을 것도 많다. 마치 유튜브의 먹방 메뉴를 보듯이, 집에서는 자주 먹을 수 없는 것들을 구경하는 재미가 있다. 오늘 점심은 떡볶이, 꼬마김밥, 어묵 그리고 튀김이다. 오랜만에 튀김을 떡볶이 국물에 찍어 먹으니 매콤함과 고소함에 웃음이 절로 난다. 요즘은 밀키트 떡볶이가 잘 나와서 떡볶이는 손쉽게 만들어 먹을 수 있지만, 함께 먹는 야채튀김은 어릴 때 먹었던 그 맛이 나지 않는다. 오랜만에 먹게 된 야채튀김과 달콤하고 바삭바삭한 맛이 일품인 속이 노란 단호박튀김은 정말 맛있었다. '집에 갈 때 단호박 사다가 튀김을 해 먹어야지.' 이런 생각으로 단호박을 구입하지만, 막상 집에 오면 선택받지 못하고 냉장고 한편에서 보관되다가 마지막 순간에 단호박찜이 되는 것이다.

같이 간 동생이 동태를 산 후 손질 중인 사장님께 "요즘 많이 추우시죠?"라고 하니, "그래도 요즘은 겨울 날씨치고는 너무 포근하여 괜찮다"고 하신다. 대화를 시작하니 물건을 사면서 안부를 묻는 것이 더 이상 어렵지 않고, 특별한 일도 아니다. 단지 인사만 했을 뿐인데도 더 따뜻한 느낌이 들었다.

삶이 마음대로 되지 않거나 자존감에 상처 입어 밤이 늦도록 고민이 이어질 때, 시장에 가면 삶을 충실히 살아가는 다른 사람들의 모습에서 살아갈 힘을 얻는다. 시장에서 맛있는 것도 먹고, 가족들과 먹을 식재료와 생활에 필요한 물건을 사면서, 돈을 버는 이유를 생각하며 일상의 소소한 행복을 느끼는 것이다. 매일 반복되는 평범한 하루에 감사하며 오늘도 소중한 일상을 만나기 위해 시장에 간다.

내일은 내일의 태양이
떠오를 테니까

어린 시절 토요일 밤은 '쿵, 빠바바밤, 빠바바밤~'으로 시작하는 〈토요명화〉를 보곤 했다. 지금도 〈토요명화〉의 오프닝 음악을 들으면 이불을 두르고, 영화가 시작하기를 기다리던 시절로 돌아가는 듯하다. 제일 기억에 남는 영화는 저렇게 잘생기고 예쁜 사람이 세상에 존재한다는 사실에 깜짝 놀랐던 〈바람과 함께 사라지다〉다. "내일은 내일의 태양이 떠오를 테니까."라는 여주인공의 마지막 대사도 기억에 남는데, 사실 내일 태양이 뜨는 것은 특별한 일이 아니다. 지구의 자전을 배운 사람에게도, 배우지 않은 사람에게도 태양이 뜨고 지는 것은 하나의 자연 현상일 뿐이다. 하지만 하나의 자연 현상을 보고 이렇게 멋진 대사를 쓸 수 있다는 것은 너무나 부러운 일이다. 지금도 힘든 일이 있거나, 일이 생각했던 대로 풀리지 않을 때는 이 대사를 생각하며 내일을 기다린다.

벌써 2024년 12월 중순이다. 새 달력을 받아 새해 계획을 세웠던 날이 얼마 지나지 않았는데 벌써 12월이라는 사실에 '토주오비(兎走鳥飛)'라는 말처럼 세월이 빠름을 실감하고 있다. 매년 12월에는 마음에 드는 다이어리를 구입한다. 매일 가지고 다니며 일상을 기록하고, 좋은 글귀가 있으면 적어야 할 용도이기 때문에 손에 착 붙으면서도 색깔이 마음에 들어야 한다. 올해는 파란색 꽃무늬 수첩을 구입했다. 이 나이에 무슨 꽃무늬냐고 할 수도 있지만 여전히 꽃을 좋아하고, 곱게 물든 빨갛고 노란색 단풍 말리는 것도 좋아하고, 마음에 드는 글귀 적는 것을 좋아하는 나이라고 이야기하고 싶다. 수첩을 구입하면 제일 먼저 가족들의 생일을 표시한다. 그리고 공휴일을 확인하며 머릿속으로 휴가 계획을 세우는 것도 하나의 즐거움이다.

새해 계획을 세우기 전 먼저 할 일은 올해 계획을 확인하며 한 해 동안의 일들을 다시 돌아보는 것이다. 흔히 말하는 '환류'다. 이 과정에서 실수한 일들은 다시 반복하지 않도록 다짐하고, 감사한 분들께 안부 전화를 한다. 그런 후에야 새해 계획을 세우기 시작한다. 1년 계획뿐만 아니라 3년 후, 5년 후의 계획을 세우는데, 아이와 함께 하고 싶은 것이 있을 때는 아이의 의견을 물어 계획을 세운다. 아이는 "계획 하나 세우는데 그렇게 많이 물어보느냐"고 이야기하지만, 우리가 함께 세우는 계획은 꾸준히 해야 할 일이나 스스로 해야 하는 것으로 꼭 필요하다고 생각되는 일이기 때문이다. 사실 사춘기 중학생 자녀는 계획을 세울 때 꼭 본인의 의사를 물어봐야 한다. 이제는 전처럼 도서관 수업을 신청했다고 수업을 듣거나, 여행을 가자고 해서 함께하는 나이는 지났기 때문이다. 하지만 함께 계획을 세운다고 다 이룰 수는 없다. 계획을 세워도 다 이루지 못할 때가 많지만, 계획조차도 세우지 않으면 아무것도 이루어내지 못하고 후회만 남을 것 같아 계속 계획을 세우게 된다.

계획을 세우는 것이 좋을 때는 여행 갈 때다. 가고 싶은 여행지를 고르고 매월 오만 원, 십만 원씩 적금을 넣는다. 아이가 중학생이 되기 전에 제주도 한라산과 울릉도·독도를 가고 싶어 적금을 넣어서 다녀왔다. 이렇게 하면 예산 내에서 충당할 수 있어 현지에서 사용하는 경비 정도만 카드로 결제하면 부담스럽지 않다. 조금씩 적금을 넣어 여행을 가면 돈 모으는 재미도 있고, 비행기를 타고 해외도 갈 수 있고, 맛있는 음식을 먹어도 경제적으로 부담스럽지 않으니 이보다 좋을 수 없다.

'밤새 안녕'이라는 말이 너무나 소중한 요즘, 을사년 새해를 기다린다. 하루하루 열심히 살아온 2024년에 감사하며, 다가올 2025년을 가슴 설레며 기다린다.

"내일은 내일의 태양이 떠오를 테니까."

2025년 이야기

일주일을 살아 내는 힘

한 주가 시작되는 월요일이다. 월요일부터 금요일 또는 토요일까지 열심히 일하기 위해서는 주말에 '잘' 쉬어야 한다. '잘' 쉬는 방법은 사람마다 다른데, 가만히 누워 있어야 충전이 되는 사람이 있고, 다른 사람들을 만나서 '스몰 토크'를 해야 충전이 잘되는 사람이 있다. 또 일요일 오후에 낮잠을 자거나, 청소를 끝낸 후 차 한 잔 마시면서 만족감으로 충전하는 사람도 있다. 물건을 사면서 삶의 즐거움을 찾거나, 만화나 드라마를 보며 주인공의 감정을 느끼고 대리 만족 하는 사람도 있다. '열심히 일한 당신, 떠나라.'라는 모 카드사의 광고처럼 여행을 떠나 그 지역 음식을 먹고, 체험하거나, 영화, 연극, 뮤지컬 또는 전시회를 보면서 상상의 세계를 다녀오기도 하고, 지나간 주와 다가올 월요일을 기대하며 술잔을 기울이는 사람들도 있을 것이다.

한 해를 마무리하며, 자매들과 그 자녀들이 대천으로 여행을 다녀왔다. 일정은 집라인을 타고, 주변에 있는 박물관이나 생태원을 다녀오는 것이다. 집라인을 탈 때 초등학생 조카들의 몸무게가 많이 나가지 않아 동생들이 함께 타고, 나는 집라인을 타지 못하는 여섯 살 조카와 20층 카페에 올라가 일행들이 집라인 타는 것을 기다렸다. 안전 장비를 하고 두 명씩 짝을 지어 출발하니, 금세 바람을 가르며 힘차게 나아간다. 무서운 마음이 들면서도, 새로운 것에 도전하여 성공하는 것을 보니 집라인을 타고 온 아이들이 새삼 부럽다. 스산한 겨울 바다에 바람이 부니 카페가 흔들리는 것 같았다. 12월 말 내리는 눈을 맞으며 다녀왔던 대천 여행은 너무 재미있었다. 하지만 집으로 오는 길에 나이가 비슷한 아이들끼리 말다툼을 해 한동안 만나지 않는 것으로 정리하고 헤어졌다. 어릴 때는 서로의 의견을 존중해 주며 사이좋게 지냈는데, 사춘기가 된 지금은 자신의 의견이 있으니 이야기가 길어진다. 서로 학교에서 있었던 일을 이야기하고, 게임도 같이하고, 노래도 같이 듣더니만 너무 잘 알아서 그런지 살살 약을 올린다. 얼마나 속상하던지. 아이들끼리 만나면 싸우는 것이 일상다반사지만, 외동으로 아이를 낳아 키우다 보니 아이들끼리 목소리가 커지는 상황이 익숙하지 않아 불편했던 것인지도 모르겠다.

새해가 시작되기 전에는 새해 첫날 떠오르는 해를 보기 위해 계획한다. '지리산 일출 산행을 갈까?' 아니면 '기차를 타고 정동진 일출을 보러 갈까?' 고민하다가 아이에게 물어보니 일출 산행에 관심을 보이다 "날씨가 추우니 가까운 산성으로 일출을 보러 가자"고 한다. 아이에게 서른이 되던 해 친구와 함께 지리산 천왕봉 일출을 보기 위해 갔던 무박 산행의 무용담을 이야기하며, 일출의 감동을 이야기해 주었다. 밤에 버스에서 내리니 영하 18도라고 적혀 있는 전광판과 살을 에는 듯 한 바람이 지금도 생생하다. 산행하기 전 가벼운 식사를 하고 간식거리를 챙겨 정상을 향해 올라가던 중 너무 힘들어 포기하고 싶었지만, 뒤에서 개미 떼처럼 밀려오는 등산객들 덕분에 정상까지 올라갈 수 있었다. 지금 생각해 보면 서른이 되던 해 지리산 일출을 볼 수 있었던 것은 뒤에서 끊임없이 밀려오던 '사람들의 힘' 덕분이라고 생각한다. 아이에게 겨울 산행을 이야기할 때는 관심을 매우 많이 보이지만, 겨울 산행은 안전을 위해 준비를 철저히 해야 하기 때문에 한동안은 어려울 듯하다. 올해는 상당산성에 올라 일출을 보기로 약속하였으나, 감기로 인해 이미 해가 뜬 후에야 자리에서 일어날 수 있었다. 새해 첫날에는 가족들 모두 집 밖 출입을 하지 못했다. 어마어마한 감기였다.

새로운 환경에서 새로운 마음으로 을사년을 맞이한다. 푸른 뱀의 해인 을사년을 잘 보내기 위해서는 열심히 일하고, 쉴 때 '잘' 쉬어야 한다. 오늘을, 이번 주를, 이번 달을 잘 보낸다면 2025년 올 한 해를 잘 보낼 수 있을 것이다. 새로운 한 주를 위해 힘차게 출발~

물 위를 유유히 헤엄치는
오리처럼

명암지에서 운동하다 보면 오리가 떼를 지어 유유히 헤엄치는 모습을 자주 볼 수 있다. 이 오리들은 물 위를 다니며 물고기를 잡아먹기도 하고, 꽥꽥거리며 무리 지어 이리저리 뒤뚱거리며 걸어 다니기도 한다. 물 위의 오리를 보면 여유로운 움직임만 보일 뿐, 물 밑의 발은 보이지 않는다. 그저 미끄러지듯 유유히 움직일 뿐이다. 날씨 좋은 날 오리 배를 타는 사람들도 많다. 이 오리 배가 앞으로 가기 위해서는 열심히 발을 굴러야 한다. 그렇지 않으면 불어오는 바람과 물결의 움직임에 오리 배가 옆으로 움직이거나 심지어 뒤로 움직여, 원하는 방향으로 나아가지 못할 때가 많기 때문이다. 멀리서 보면 오리 배가 물살을 가르며 시원하게 앞으로 나아가는 것만 보일 뿐, 그 안에 탄 사람들이 벌게진 얼굴로 발을 구르는 것은 보이지 않는다. 더운 날 좁은 오리 배에 앉아 다리를 굴려 봐야 오리 배 타는 것이 만만치 않음을 알 수 있다. 겪어 보지 않아도 알 수 있으면 좋으련만, 우리는 꼭 겪어 봐야 그 일이 힘든 줄 알게 되는 경우가 많다. 하지만 아이를 키우다 보면 힘들었던 사실을 잊고, 또다시 오리 배를 타게 되면 아이의 응원에 힘이 나서 열심히 발을 구르기도 한다.

해결해야 할 문제가 하나 생기면 경주마처럼 '그것'만 보고 달린다. 옆을 둘러보거나, 잠깐 멈춰 생각하거나, 넓은 세상을 그려 낼 수 있는 능력을 갖게 되면 좋을 텐데 말이다. 하지만 하나의 문제가 해결되면 또 다른 문제가 생기듯 우리는 물 위의 오리처럼 발을 끊임없이 움직이며 살아간다. 문제가 바로 해결되지 않아도 실망하지 않고, '씩 웃으며 한 번 더' 시도하는 그런 마음을 갖고 싶다. 자책하지 않고 한 번 더 시도할 수 있는 힘이 있다는 것은 우리 삶에서 최고의 선물이라고 생각한다.

요즘 명암지 주변에서 운동을 하다가 화려한 깃털을 가진 수컷 원앙과 흑백 얼룩무늬 깃털을 가진 암컷 원앙 무리가 얼음 위에서 '물에 들어갈까? 말까?' 발을 동동거리며 모여 있는 것을 보았다. '한겨울 추위는 물에서 사는 원앙도 물에 들어가는 것을 고민하게 만드는구나' 싶어 웃음이 났다. 추운 날씨에도 이렇게 운동하는 것은, 조금 더 따뜻한 이불 속에 누워 있고 싶은 마음과 추위를 피하고 싶은 본능을 이겨 내고 운동하러 나오는 행동처럼 느껴졌다. 춥지만 건강을 위해 한 번 더 시도하는 마음. 그것도 아니면, 생각하지 않고 '그냥 지금 하는' 마음이 필요하다. 길게 생각하면 할 이유가 아니라 하지 않을 변명거리가 생각나기 때문이다.

20여 년 전, 시내 전광판 광고 중 물방울 하나가 똑 떨어지면 순차적으로 주변에 물결치는 모습의 광고가 있었다. 지금은 기억나지도 않는 C++이라는 컴퓨터 언어로 매우 길게 프로그래밍 했던 적이 있다. 요즘은 보기만 해도 직관적으로 알수 있는 이미지로 연결만 해도 물방울이 떨어지는 모습을 어렵지 않게 만들 수 있다. 사용자 중심의 시스템으로 우리가 원하는 것을 구현하는 것이 더 쉽고 수월해져, 프로그래머가 직업이 아니라면 직접 프로그래밍을 하지 않아도 되는 세상으로 변화한 것이다. 우리가 직장에서 사용하는 시스템이 잘되지 않을 때, 전화 한 통, 쪽지 한 번으로 오류를 해결했던 일들이 생각났다. 지금까지 물 위의 오리처럼 안온하게 살 수 있었던 것은 보이지 않는 다른 사람들의 노고 덕분이며, 그동안 배려 받았음을 다시 한번 깨닫는다. 다른 사람이 하는 일이 쉬워 보이면 그 사람은 그 분야의 진정한 '전문가'라는 말이 있다. 전문가는 멀리 있지 않고 우리 주변에서 문제를 해결할 때 하나의 방법이 아니라, 여러 가지 방법으로 고민하고 노력하여 최선의 방법을 찾아낸 사람이다. 그 방법을 찾았을 때 물 위를 헤엄치는 오리처럼 우리가 살아가는 삶이 여유로워질 것이다.

혈액형과 MBTI 이야기

명절 연휴에 혈액형별 특성에 대한 동영상을 보았다. A형, B형, O형, AB형이 같이 밥을 먹다가 AB형이 말없이 나가면 오지랖 넓은 O형은 궁금증을 참지 못해 따라 나가고, 주변 상황에 신경 쓰지 않는 B형은 계속 밥만 먹고, 불안해하며 밥을 먹지 못하던 A형이 B형에게 자기 때문에 AB형이 화가 나서 나간 것 같다고 걱정한다는 이야기였다. 고개를 끄덕이며 동영상을 보다가 '아, 나는 옛날 사람이구나'라는 생각이 들었다. 예전에는 소개팅을 하거나 친구와 수다를 떨 때, 자신의 혈액형별 특성과 장점에 대해 이야기하곤 했다. 요즘 청소년이나 직장인들이 자기소개를 할 때, MBTI를 이야기하는 것과 같은 맥락이다.

이 MBTI는 Myers-Briggs Type Indicator의 약자로 4가지 지표로 나뉜다. '에너지 방향'에 따라 에너지가 다른 사람과 외부로 향하면 외향(E), 자신과 내부로 향하면 내향(I), '인식 기능'에 따라 정보를 오감에 의한 경험에 근거하여 수용하면 감각형(S), 육감과 상상을 거쳐 수용하면 직관형(N), '판단 기능'에 따라 사실과 논리를 우선으로 의사 결정 하는 사고형(T), 관계를 고려하여 의사 결정 하는 감정형(F), '생활 양식'에 따라 계획과 예측을 선호하는 판단형(J), 유연한 대처와 임기응변을 선호하는 인식형(P)으로 나뉘며, 이것을 조합하여 총 16가지 유형으로 구분한다. MBTI의 인기가 얼마나 많았는지, 연수나 인터넷에서 검사해 볼 기회가 있었는데, 검사할 때마다 유형이 변했다. 원인을 생각해 보니 자기 보고식 성격 유형 검사이기 때문에 현재 상황보다는 원하는 것을 선택하거나, 이전 검사할 때와는 상황이 변해 다른 것을 선택했기 때문인 것 같았다. 이번 검사에서 나온 MBTI 유형이 불변이 아니라 상황에 따라 바뀔 수도 있다는 것이다. 예전에는 사람들과 만나 이야기하는 것을 좋아하고, 여행 갈 때도 세부적인 계획을 세우기보다는 일단 떠났다면 지금은 사람들과 만나서 이야기하는 것보다는 혼자 보내는 시간이 좋고, 여행 갈 때도 미리 계획을 세워 여행지에서 시간을 허투루 보내지 않는 것을 좋아한다. 사회생활을 하며 좀 다듬어진 듯하다.

예전에는 특이한 행동을 하면 혈액형에서 이유를 찾았지만, 요즘은 MBTI 때문이라고 이야기한다. 유튜브에서 MBTI를 찾아보기만 해도 각 유형별 특징뿐만 아니라, 게으른 유형, 성격 파탄자 유형, 최고의 배우자 유형, 최악의 배우자 유형 순위까지 나온다. 물론 MBTI 검사를 여러 번 해도 결과가 변하지 않는 사람들도 있겠지만, 상황에 따라 유형이 바뀌는 사람으로서 단순하게 MBTI 유형만을 기준으로 자신을 규정하고, 친구를 이해하고, 배우자를 결정하는 것은 성급한 결정인 것 같다. 단순하게 "나는 ○○○○라 그래.", "쟤는 ○○○○라 그래."라는 말 한마디로 뭉치며 서로를 이해하려는 최소한의 노력도 하지 않고, 이미 그 사람을 다 알고 있다고 생각할 수 있기 때문이다. 물론 이러한 경향은 혈액형 때도 있었지만 말이다. 그저 재미로 접근하는 것은 문제가 되지 않겠지만, 다른 사람을 판단하는 근거로 사용하거나 특정 유형에 대해 편견을 갖는다면 서로 알아 갈 수 있는 기회를 잃어버리게 되는 불행한 일이다.

우리가 혈액형과 MBTI에 열광하는 것은 미처 몰랐던 자신에 대해 더 잘 알게 되고, 다른 사람을 더 이해하고, 동질감을 느끼며 안정감을 찾고 싶기 때문이라고 생각한다. 하지만 혈액형이나 MBTI만으로 사람을 판단한다면 여러 명의 장님이 코끼리를 만지며 자기 주관대로 판단하는 군맹무상(群盲撫象)의 잘못을 저지를 수 있다. 개개인의 독창성을 있는 그대로 인정하고 혈액형과 MBTI를 단순히 소통을 위한 재미로 생각한다면, 우리의 삶은 더 활기차고 풍요로워질 것이다.

오늘 하루 토닥토닥,
"우리 꽃길만 걸어요"

길었던 명절이 지나고, 일상의 시작이다. 요즘처럼 눈이 많이 내릴 때는 눈을 치우기 위해 어릴 적 '뽀삐' 뛰듯이 뛰어다닌다. '뽀삐'가 누구냐면 집에서 키우던 하얀색 개인데, 얼마나 영리한지 멀리서도 식구들을 한눈에 알아보고 달려오거나, 방문 여는 소리만 듣고도 꼬리를 흔들며 문 앞에서 기다리곤 하여 사랑받았던 개다. '뽀삐'가 유일하게 불러도 오지 않고 껑충껑충 뛰어다니는 날이 있었는데, 하늘에서 하얀 눈이 내리는 날이다. 이런 날은 이리저리 뛰어다니다가 펄쩍펄쩍 뛰어올라 우리 몸에 얼굴을 비벼 대곤 했는데, 어린 생각에 '발이 시려

안아 달라'고 하는 것 같아 뛰어다니는 개를 진정시켜 안고 있느라고 힘들었다. 직장 마당에 쌓인 눈을 치우며 이리저리 뛰어다니다 보니 우리 집 귀염둥이 '뽀삐'가 생각나는 날이다.

시간이 지나 어른이 되어서는 하루가 유난히 긴 날이 있다. 사람이 살면서 어떻게 매일 화창한 봄날을 꿈꾸겠는가? 뜨거운 햇볕에 힘겨운 날도 있고, 장대비 쏟아지는 날도 있다. 또 바람 불어 나뭇잎이 흔들리고, 가지가 부러지는 날도 있다. 우리의 삶도 이와 같다. 스트레스가 나쁘다고 이야기하지만 적당한 스트레스는 자기 발전의 원동력이 되고, 돈을 버는 이유가 되며, 또 자녀와 맛있는 음식을 먹으며 이야기 나눌 수 있는 소재가 되기도 한다. 어려운 일이 있어도 툭툭 털고 일어나는 연습을 해야 한다. 방법은 간단하다. 먼저, 두 팔을 가슴 앞으로 교차하여 토닥토닥 두드리며 이야기하는 것이다. "오늘도 수고했어.", "너는 참 멋진 사람이야.", "오늘 하루도 힘내 보자." 라고 소리를 내 혼잣말만 하여도 격려와 인정을 받는 것 같아 마음이 안정되고 힘이 난다.

이 격려받는 느낌은 일상에서도 자주 느낄 수 있다. 비가 올 때 좋아하는 우산을 쓰는 것이다. 우산은 비나 눈을 피하기 위한 용도로 그림이나 무늬가 외부를 향해 있는 것이 일반적인데, 나의 우산은 흐드러진 분홍색 벚꽃이 내부를 향해 있어 우산을 쓰고 걷다 보면 기분이 좋아진다. 아이들이 비 오는 날 만화 주인공 우산을 쓰고 물웅덩이에서 철벅철벅 물장난을 치며 노래 부르는 것을 생각하면 이해하기 쉬울 것이다. 비나 눈이 오면 기분이 우울해질 수 있지만, 좋아하는 우산을 펴는 순간 오롯이 혼자만의 공간에서 좋았던 시절로 돌아가는 것이다. 물론 같이 쓰면 더 좋을 수도 있다. 모든 사람에게 어려움이 동일하게 느껴질 수는 없겠지만, 빨리 회복할 수 있는 자신만의 방법이 있다면 오랜 시간 슬픔에 빠지지 않고, 더 빨리 평정심을 찾을 수 있다. 여기서 조심해야 할 것은 '먹는 것으로 기분 전환 하기'다. 경험해 보니, 먹는 것으로 스트레스를 풀게 되면 살이 찌고 뱃살이 늘어나 건강이 나빠지고, 나중에는 건강을 위해 돈과 시간을 들여 살을 빼야 하기 때문이다. 기분을 전환하고 싶을 때는 따뜻하게 옷을 입고, 파란 하늘 아래 햇살을 받으며 걷는 것을 추천한다. 새소리가 들린다면 새소리에 귀 기울이고, 친구와 전화로 나누는 이야기만으로도 우리는 다시 일어설 힘을 얻는다.

사람은 누구나 추억으로 산다. 친구와 보았던 영화를 텔레비전에서 보거나, 행복했던 장소를 지나가거나, 음악만 들어도, 좋았던 그때로 돌아가기 때문이다. 기억의 힘은 강력해서 당시에는 어렵고 힘들었던 일조차 좋은 기억이 될 수 있다. 물론 과거에 힘들지 않다는 말은 거짓말이다. 하지만 사람의 기억은 완벽하지 않아, 좋았던 기억이 더 오래 남거나 나빴던 기억은 생각조차 하기 싫어 기억에서 사라져 버릴 수도 있다. 영화 〈인사이드 아웃〉의 기쁨이처럼 슬픈 기억이나 실패했던 기억을 버리고 즐거웠던 기억만을 저장하여 왜곡된 기억으로 살아가는 것이 아니라, 실패와 슬픔을 교훈 삼아 스스로를 격려하며 행복하게 살아갈 수 있다.

잠자리에 누워 토닥토닥, 아침에 일어나 토닥토닥. 평범한 하루를 보내며, "우리 이제 꽃길만 걸어요."

우리들의 일상다반사(日常茶飯事)를 위하여

'일상다반사(日常茶飯事)'라는 말이 있다. '차 마시고 밥 먹는 일과 같이 일상적이고 예사로운 일'을 말하며, 줄여서 '다반사'라고도 한다. 차 마시고 밥 먹는 일처럼 예사로운 일은 친구 만나기, 수다 떨기, 운동하기, 유튜브 보기, 책 읽기 등 셀 수 없을 정도로 많다. 점심 식사 후 좋아하는 운동에 대해 이야기하던 중, '수영'이 생각났다. 더운 여름에는 시원한 물에서, 추운 겨울에는 따뜻한 물에서 운동할 수 있기 때문이다. 한바탕 수영 후에는 배가 고파 간식을 먹게 되어 살이 빠지지 않고 더 찐다는 점과 추운 겨울에 머리를 잘 말리지 않아 감기를 달고 사는 탓에 수영을 그만두게 되었지만, 지금도 하고 싶은 운동 중 첫 번째다. 요즘 운동을 선택할 때 탁 트인 주변 경치를 보며 걷는 것도 좋지만, 따뜻한 난방기 아래에서 추위를 피하고, 시원한 냉방기 아래에서 더위와 비를 피하며, 미세먼지를 피할 수 있는 환경에서 운동할 수 있는지 살펴본다. 운동하고 싶을 때 날씨와 관계없이 운동할 수 있다는 것이 매우 감사한 일이다.

자녀와 함께할 수 있는 운동으로는 '마라톤'을 추천한다. 하프 코스나 풀코스를 뛰지 않고 5㎞, 10㎞를 신청하여 같은 목표를 향해 함께 달리는 것만으로도 좋다. 집 주변에서 연습한 후, 아이가 평소에 좋아하는 음식을 먹고 아이와 이런저런 이야기를 더 많이 하며, 아이의 관심사와 좋아하는 게임에 대해서도 알게 된다. 그리고 대회 날에는 같이 달리며 "우리 잘하고 있어.", "우리 조금만 더 가면 결승선이야."라고 말하며 서로를 응원한다. 달린 후에는 완주 메달을 목에 걸고 사진을 찍으면 그날 할 일은 끝이다. 가족과 함께했던 대청댐 마라톤에서 메달을 목에 걸고, 아들이 경품으로 받은 김을 안고 의기양양하게 사진을 찍었던 추억이 떠오른다.

'날씨는 좋은데 어디 갈 곳이 없을까?' 고민될 때는 가까운 곳으로 나들이를 가면 된다. 속리산 세조길을 걷거나, 집에서 가까운 산성을 걷는 것이다. 세조길을 걸을 때는 꼭 세심정까지 가지 않고 가벼운 마음으로 걷다가 내려와 근처 식당에서 비빔밥을 먹는다. 가족들의 음식을 준비하며 알게 된 사실은 나물 반찬 만들기가 까다롭다는 것이다. 고기반찬은 알맞게 굽거나 간만 맞으면 대부분 맛있는데, 나물 반찬 만드는 것은 수월하지 않다. 채소에 '갖은양념'을 '적당하게' 넣고, '조물조물' 무치면 나물 반찬이 뚝딱이다. 하지만 '갖은양념'에는 무엇이 들어가는지, '적당하게'의 양은 어느 정도인지, '조물조물' 무칠 때 힘은 어느 정도 주는지 말만으로는 너무 어렵다. 이럴 때는 유튜브에 나오는 요리 고수들의 비법 양념과 조리법을 활용하여 음식을 만들면 '내가 이렇게 맛있는 음식을 만들 수 있다니'라는 감탄과 쉽고 빠르게 음식을 만들 수 있음에 감사한 마음이 절로 든다. 산성을 걸을 때는 어떤가? 초록색 나무를 보면서, 연못에서 꼬물꼬물 올챙이를 보는 것도 즐거운 일이다. 저 올챙이가 모두 개구리가 되어 한꺼번에 개굴개굴 울게 되면 소리가 얼마나 클까? 시답지 않은 생각을 하며 올려다본 하늘에는 늦여름 잠자리가 떼 지어 날아다니는 모습도 장관이다.

요즘은 건강 프로그램이 많이 나온다. 유튜브에서 관심 주제를 계속해서 추천해 주는 것을 보면 왜 우리 아이가 핸드폰을 손에서 놓지 못하는지 알 수 있다. 건강 프로그램 출연자의 어려움이 나의 이야기다. 먹어도 살찌지 않는다면 좋으련만, 많이 먹으니 살이 찌는 것이다. 일례로 집에 있는 날에는 "견과류는 몸에 좋으니 살이 찌지 않을 거야."라고 변명하듯 먹곤 한다. 그러면 가족들이 "코끼리도 풀만 먹고 그렇게 살이 쪘다"며 그만 먹으라고 이야기한다. 아무리 몸에 좋은 음식도 많이 먹는 것은 건강에 좋지 않다. 과유불급인 것이다.

여느 때처럼 운동하고, 나들이 가고, 차 마시고, 밥을 먹는 우리의 일상을 소중하게 생각한다면 우리들의 행복한 일상다 반사는 계속될 것이다.

오늘 하루 토닥토닥, 우리 꽃길만 걸어요

우리들의 봄날을 위하여

봄인가 싶더니, 눈이 펑펑 내려 나뭇가지 위에 눈꽃이 피었다. 3월 중순에 보는 새하얀 눈꽃은 한겨울에 보는 눈꽃과 다르게 운치가 있다. 따뜻한 봄날 겨울의 진수를 보는 듯하다. 포근한 바람에 후두둑 팝콘 터지듯 피어난 매화꽃을 보며 살랑살랑 걷기만 해도 건강해지는 느낌이다. 한겨울 얼어붙었던 청수원 연못의 얼음은 다 녹고, 물속의 잉어들이 가만히 햇볕에 몸을 쬐고 있다. 한여름 펄쩍 뛰어오를 힘을 기르듯, 지느러미를 살랑살랑 움직이며 몸을 보듬고 있다. 사람이나 동물이나 활기차게 움직이기 위해서는 햇볕이 필요한 모양이다. 꽃구경도 가고, 만나고 싶은 사람도 만나야 하는데 추운 겨울 동안 몸을 웅크리고 있어 몸이 찌뿌둥하다. 이럴 때는 일하는 중간 중간 몸을 움직이면 몸과 마음이 유연해져 건강에도 좋고, 업무 집중력도 향상된다.

건조했던 나뭇가지 끝에 수분을 머금어 연둣빛 잎눈이 조그맣게 나와 하루가 다르게 짙어지는 것을 보는 것은 이 시기에만 누릴 수 있는 호사다. 노란색 산수유꽃이 피어나고, 매화꽃의 진한 향기를 맡으며, 흐드러지게 피어난 개나리를 보는 것만으로도 이미 봄이 왔음을 느낀다. 꽃을 말할 때 무심천 벚꽃을 빼놓을 수 없다. 사람이 많이 모인 곳에 가는 것을 좋아하지 않지만, 벚꽃이 피면 흔쾌히 사람들과 함께 꽃을 보러 간다. 벚꽃을 보며 사진을 찍고, 함께 간 친구들과 이야기하면 마음이 가벼워지고 고민이 사라지는 듯하다. 이야기하는 것만으로 고민이 사라지다니 너무 비현실적이라고 생각할 수 있겠지만, 고민에 대해 체계적으로 생각하고 구조화하여 말을 하는 것이기 때문에 말하기 전 나름대로 정리가 가능하기 때문이다. 너무나 크고 버겁던 고민도 글로 쓰면 대부분 해결 가능한 고민이 되는 것과 같다. 그 옆에 할 수 있는 일을 적고 방법을 생각하면, 거의 문제는 해결된 것이다. 단지 갑자기 문제를 마주하면 너무나 당황하여 방법이 없다고 느끼는 것이다. 너무 커져 버린 고민에 대한 걱정으로 자신감마저 사라져 다른 사람들의 의견대로 행사장 풍선처럼 살아간다면, 본래의 자신은 잃어버리고 초라함만 남아 더 힘들어질 것이다.

이렇게 싹이 나고 꽃이 피는 시기가 되면 영화 〈리틀 포레스트〉가 생각난다. 영화는 농촌의 사계절을 풍경화처럼 보여준다. 처음 영화를 봤을 때 어린 시절 시골에서 자랐던 추억이 새록새록 생각났다. 초록색 참외 잎 사이에 숨어 있는, 노랗게 익은 참외의 달콤한 향과 요즘처럼 상품성을 위해 미리 따서 향이 없는 토마토가 아닌, 완전히 익을 때까지 기다렸다가 딴 토마토 특유의 향이 코끝을 맴돌았다. 이 영화의 백미는 음식을 해 먹으며 스스로 자신의 삶을 보듬는 내용으로, 음식 하나도 허투루 먹지 않고, 소박한 음식이지만 한 끼, 한 끼 먹으며 자신을 더 소중하게 응원하고 있다.

오늘 하루 힘든 시간을 보낸 나를 위해 요리하는 것은 어떨까? 밤을 주워 껍질을 벗기고 설탕에 오랜 시간 끓여 내는 보늬 밤(밤 조림)도 좋지만, 추운 겨울을 이겨 내, 향이 진한 냉이와 두부를 넣고 끓인 자신만을 위한 매일 먹어도 질리지 않는 된장국에 김치볶음밥을 만들어 먹는 것도 좋다. 여기에 삼겹살이 있으면 삼겹살을 넣고, 없으면 계란만 넣어도 좋다. 또 계란을 풀어 명란이나 새우젓으로 간을 하고 깍뚝깍뚝 네모나게 썬 두부와 파를 넣어 만든 국을 따뜻하게 먹는 것도 좋다. 음식을 만들면서 힘들었던 마음을 진정하고, 함께 먹을 가족들의 건강을 바라는 마음이 모여 하루를 더 행복하게 보낼 수 있는 것은 아닐까? 매일의 삶이 계속되듯 제철 음식으로 소중한 한 끼를 만들어 먹고, 스스로를 보듬는다.

겨울을 지내며 움츠렸던 몸을 기지개를 켜고 신나게 달려보자. 우리 모두 고민 없이 행복한 봄날이 되기를.

오늘 하루 토닥토닥, 우리 꽃길만 걸어요

오늘 하루도
'엉덩이의 힘'을 믿어요

적절한 명령어만 입력하면 A.I.가 세상에 나와 있는 방대한 자료를 기반으로 질문에 답을 하고, 그림도 그리고, 작곡도 하는 21세기에 갑자기 '엉덩이의 힘'이라니. 이게 무슨 뜬금없는 말인지 궁금할 수도 있겠지만, 우리가 살아가는 세상에서는 아직도 '엉덩이의 힘'이 필요하다. 재능이 있어 번뜩이는 아이디어로 짧은 시간 내에 끝낼 수 있는 일이 있는 반면, 진득하게 앉아 반복하고 해결을 위해 몰두하고 생각하는 과정이 꼭 필요한 일이 있다. 우리가 어떤 것을 해내려면 무의식적으로 그 행동을 하게 될 때까지 계속 반복해야 한다. 우리는 이것을 '루

틴'이라고 부른다. 퇴근해서 저녁을 먹은 후 '생각하지 않고' 운동하러 가는 것과 같다. 일단 어떤 일을 할 때 생각이라는 것을 하게 되면 그 일을 하는 것보다 하지 않을 이유를 찾게 되는 경우가 많기 때문이다. 공부 이야기를 할 때도 흔히 '엉덩이의 힘'과 '일만 시간의 법칙'에 대해 이야기하면서, 우리가 맡은 일을 반복하여 오랜 시간 훈련하고 몰두하면 성공의 필요조건을 충족한 것이라고 한다. 물론 열심히 한다고 해서 언제나 모두 성공하는 것은 아니지만, 그 분야에서 성공할 가능성이 많아진다는 것이다. '재능'이라는 분야는 논외로 하더라도 요리도 많이 만들어 본 사람이 잘 만들고, 음악도 많이 연습한 사람이 잘하는 것과 같다. 운동도 그렇다. 요가를 처음 배울 때 잘되지 않던 동작도 여러 번 반복하면 나중에는 완벽하지는 않아도 그럴싸해지며, 조금 더 해 봐야겠다는 자신감이 생긴다. 삶을 살아가며 하고 싶은 것을 잘하게 되면 삶의 만족도가 높아진다. 사실 성공의 사례를 살펴보면 성공한 사람은 재능도 있지만, 포기하지 않고 끊임없이 노력하여 그 분야에서 성공을 이룬 사람도 많다.

삶에서 루틴을 만드는 것의 가장 쉬운 방법은 가능하면 구체적으로 계획을 세우는 것이다. 업무적인 것은 논외로 하고 일주일에 세 번 이상 운동 가기, (사춘기 자녀라 어렵지만) 퇴근 후 아이 얼굴 보고 하루 일과 이야기하기, 한 시간 글쓰기, 30분 이상 독서하기 등 도전하고 싶은 것들에 대해 계획을 세워 동그라미를 치며 확인한다. 책을 읽다가 생각을 적기도 하고, 좋은 부분이 있으면 노트에 따라 적는다. 세 번 정도 소리 내어 읽고 따라 쓰면 마음이 평온해지고, '나도 이렇게 좋은 글을 쓰고 싶다.'는 생각이 샘솟는다. 너무나 바빠서 계획대로 하지 못했더라도 자책하거나 바로 그만두지 않는다. 언제나 완벽하게 계획을 세울 수도 없거니와, 2% 부족한 인간이기 때문에 부족함을 인정하고 보완하여 다시 시작하면 되는 것이다.

어린 시절부터 계획을 세워 동그라미 치는 것을 좋아했는데, 지금도 수첩에 동그라미 치는 재미로 하나씩 하나씩 실행하고 있다. 지금 하고 있는 것에 익숙해지면 할 일을 하나씩 늘리는 것도 기분 좋은 일이다. 요즘은 유튜브를 틀고 집안일을 하는데, 정말 시간이 금방 간다. 이럴 때는 마음을 다잡고 눈에서 보이지 않도록 핸드폰을 치운다. 그러면 보고 싶은 마음이 들다가 해야 할 일이 눈에 들어오고 이것저것 하게 된다. 이상하게도 해야 할 일은 산더미인데, 자꾸 다른 세상으로 들어가는 것을 보니 게임의 세상으로 들어가는 아이만을 탓할 일만이 아니라는 사실을 깨닫는다.

매일 한 시간 글쓰기는 사실 어려운 일이다. 퇴근해서 운동하고, 집안일하고, 씻으면 10시가 넘는다. 무엇보다 노트북 앞에 앉아 있다고 해서 글이 잘 써지지도 않는다. 하지만 글을 잘 쓰고 싶은 마음을 이루기 위해서 지금 해야 할 것은 노트북 앞에 앉아 '단 한 줄'이라도 쓰는 것이다. 빈 모니터를 보며 손을 움직여 내용을 적어 나간다. 그것부터 시작이다. 우리가 공부를 잘하고 싶으면 요행을 바라지 않고, 핸드폰이나 태블릿을 치우고 책상 앞에 앉아 공부하면 된다. 여기서 중요한 것이 있다. '절대 책상 정리 금지'. 책상 정리를 시작하면 그날 공부는 날아간다. 왜 이렇게 공부를 하려고 마음먹을 때는 지저분

한 게 눈에 들어오는지 신기한 일이다. 시험 기간인 아들에게 도 이런 경험을 이야기하고 싶지만, 말하면 잔소리로 받아들이게 될 것 같아 꾹꾹 참고 있다.

어제와 다른 오늘을 위해 의식적으로 노력한다면 오늘과 다른 내일을 살아가게 될 것이다. 원하는 것을 이룰 수 있는 계획을 세우고 루틴을 만들어 노력하는 과정에서 느끼는 성취감과 자존감으로 삶의 행복을 매일 느낄 수 있다. 삶에서 우리가 느끼는 행복은 '얼마나 큰 것이 아니라, 얼마나 자주' 느끼는 것이라고 생각한다. 빠르게 변하는 세상에서도 매일 매일 행복할 수 있는 오늘 하루 반복의 소중함을 깨달을 수 있는 '엉덩이의 힘'을 믿는다.

매일매일 보물찾기

기다리던 점심시간이다. 후다닥 점심을 먹고 따사로운 햇살 아래 정원을 거닐다 들려오는 새소리에 기분이 좋아진다. 새들이 지저귀는 소리에 귀를 쫑긋 세우고 한참을 들어도 뭐라고 이야기하는지 모르겠다. 궁금하다. 사람 말도 잘 못 알아들어 친구들에게 '사오정'으로 불리는 내가 새들의 이야기를 듣겠다고 길 위에 한참 동안 서 귀를 쫑긋하고 세우고 있는 모습에 웃음이 절로 난다. 들려오는 새소리에 주변을 둘러보다가 소나무 가지 끝 쪽에 새집을 발견했다. 새소리가 들릴 때마다 이리저리 살펴봐도 보이지 않더니, 위를 보니 오늘에야 보인다. 매일 보는 풍경이지만 나뭇잎이 커지고 색도 진해져 이제는 볼 때마다 새롭다. 마치 앙상한 병아리 발가락 같던 단풍나무 잎이 통통한 아기 손가락처럼 펴지고, 색도 붉어져 제법 단풍나무 잎 같다. 산책하며 어제보다 얼마나 달라졌는지 살펴보다가 어린 시절 소풍 가서 했던 보물찾기가 생각났다. 예전에는 보물이라고 하면 책에서 보던 반짝반짝 빛나는 금덩이나 다이아몬드 등 물질적인 것을 생각했지만, 지금은 기분 좋게 해 주는 모든 것이 보물이라고 생각한다. 소나무 위 새집도, 아기 손가락을 닮은 단풍나무 잎도 새로 찾은 보물이다. 나무는 또 어떤가? 매일매일 잎이 자라 푸르러지는 나무들 사이에서 봄까지 겨울을 함께 지낸 메마른 잎사귀를 달고 있던 어린 참나무도 새로 찾은 보물이다. 추위에 약한 어린 참나무는 겨울눈을 보호하기 위해 겨울 동안 잎을 달고 있다가, 따뜻한 봄이 되면 비로소 갈색 잎을 떨어뜨리고, 연두색 잎을 틔워 낸다. 연두색 잎사귀로 가득한 참나무를 보며 자연의 신비로움에 경탄하고, 추운 겨울을 잘 보낸 어린 참나무를 응원한다. 한 그루의 나무에서 붉은색과 분홍색, 흰색 꽃이 피는 복숭아나무는 어떤가? 나무 옆에 서서 이리저리 살펴봐도 너무 신기하다. 두 그루의 나무가 붙은 연리지는 여러 번 봤어도 한 그루의 나무에서 세 가지 색의 꽃이 핀 것은 처음 보았다. '접붙였던 나무인가?' 생각하다 나무를 살펴보니 아닌 것 같다. 인터넷을 찾아보니 삼색 꽃이 피는 복숭아나무로 이미 유명하다. 세 가지 색 꽃이 피어나는 이 나무도 발견한 보물 중 하나다.

갑자기 따뜻해진 날씨에 밖으로 나온 개구리도 보물이다. 오랜만에 개구리 소리를 들어 보니 '개굴개굴'이 아니라, '꾸르륵 꾸르륵' 낯선 소리가 난다. 처음 듣는 소리에 직원들과 함께 이 소리의 주인공을 추측하기 시작했다. 맹꽁이인가? 아니다. 전에 근무했던 학교 배수로에 맹꽁이가 살았는데, 여러 마리가 '맹' 하면 또 여러 마리가 '꽁' 하고 울었다. 눈치는 얼마나 빠르던지, 가까이 다가가면 갑자기 조용하다가 멀어지면 다시 맹꽁맹꽁 울었던 기억이 난다. 두꺼비인가 싶다가도 두꺼비 우는 소리는 못 들어 본 것 같아 인터넷으로 찾아보니 두꺼비는 아니다. 개구리 우는 소리다. 낯설게 느껴지던 소리가 갑자기 친근하게 느껴진다. 갑자기 따뜻해진 날씨에 들려오는 개구리 소리에 내일 비가 올 것이라고 예상해 보았다. 그리고 글을 쓰는 오늘, 비가 온다. 역시 비가 오는 것은 개구리가 잘 맞는다.

집안일을 하며 틀어 둔 음악을 듣다가 찾게 된 보물도 있다. 가수 황가람의 〈나는 반딧불〉이라는 노래로 호소력 있는 목소리와 노랫말에 눈물이 왈칵 쏟아졌다.

'나는 내가 빛나는 별인 줄 알았어요. 한 번도 의심한 적 없었죠.'

노래를 듣다 보니 스스로 특별하다고 생각하고, 무엇이든 잘할 수 있는 사람인 줄 알았던 꿈 많던 청소년기, 마음먹은 것이 잘되지 않아 작아지고 스스로 하찮게 생각하던 이십 대, 흔들리는 마음을 잡아 가며 의지를 다지던 삼십 대가 생각났다. 40대 후반인 지금은 매일 감사하는 마음으로 잘 살아가고 싶은 스스로의 다짐을 보듬어 줄 수 있는 노래를 알게 된 것도 소중한 보물이다.

오늘 하루도 행복한 마음으로 나만의 보물찾기를 한다. 어떤 보물을 찾게 될까? 매일매일 기대되는 하루다.

동전으로 떠나는 전국 일주

    오랜만의 연휴다. 마침 아이의 시험이 끝난 후라 어디로 놀러 갈까 고민하다가 예전에 휴가 장소 정하던 방법이 생각났다. 아이가 열 살쯤 되었을 때, 우리나라 지도를 구입하여 벽에 걸었다. 지도에는 지역별 특산물이 그려져 있었는데, 먹을 수 없는 '그림의 떡'이어서인지 오래도록 기억되지 않았다. 그래서 생각한 방법이 휴가 날짜가 정해지면 지도를 거실 바닥에 놓고 가위바위보를 해서 이긴 사람이(아이는 앞으로, 어른은 뒤로 돌아) 동전을 던져 휴가 갈 지역을 정했다. 가고 싶은 곳을 외치며 동전을 던져도 언제나 동전은 예상치 못한 곳으로 떨어졌다. 지도 안으로 쏙 들어가지 않고 바다로 떨어지면 근처 가까운 섬으로, 동전이 북한으로 넘어가면 강릉이나 고성 등 북한과 가까운 곳으로 가는 것이다. 장소가 정해지면 그 지역 내에서 가고 싶은 곳을 1인당 3곳을 찾아본 후, 상의하여 갈 곳을 정했다. 처음에는 목록에 나온 곳을 모두 가기 위해 아침부터 저녁까지 열정적으로 바쁘게 움직였지만, 좀 지난 후에는 오전, 오후 또는 하루에 한곳만을 선택하여 여유롭게 다녔다. 그리고 가능하면 그 지역의 특색 있는 음식을 먹어 보려 했다. 먹어 봐야 맛을 알고, 맛을 알아야 그 지역의 자연 환경과 사람들의 삶을 조금이라도 이해할 수 있기 때문이다.

옛 생각을 하다가 바다로 정했다. 하얀 모래 해변, 파도 소리, 또 특색 있는 음식까지도. 바다를 생각하니 아이와 함께 조개를 캐던 일, 이른 봄 바다를 보고 경주마처럼 앞만 보고 물속으로 뛰어드는 아이를 잡기 위해 함께 뛰어들던 일도 생각났다. 바다에 도착해 얼큰하면서 담백한 붕장어탕과 씹으면 씹을수록 막걸리가 생각나는 새콤달콤한 간재미회무침을 먹으니 바다로 여행을 왔다는 것이 실감이 났다. 어릴 때는 향이나 맛이 새로운 것을 꺼려 굳이 시도하지 않았지만, 지금은 모든 음식을 감사하는 마음으로 먹고 있다. 그리고 이 세상에 아직 먹어 보지 못한 맛있는 음식이 얼마나 많겠는가? 마음을 바꾸니 세상에 먹지 못할 음식이 없다.

음식을 생각하니, 3년 전 아이와 함께 다녀왔던 울릉도·독도 여행이 생각났다. 아이가 초등학교를 졸업하기 전에 의미 있는 곳을 다녀오기 위해 여행지를 찾던 중, 분쟁의 여지가 하나도 없이 역사적으로도, 실효적으로도 우리 땅이 분명한 독도에 대해 정확히 알고, 지켜 나가기 위해 선택한 여행이었다. 울릉도는 볼 것도 많았지만, 특히 먹거리가 기억에 남는다. 건강에 좋다는 엉겅퀴국은 척박한 환경에서도 살아 내기 위한 처절한 노력의 결과를 보는 것 같아 마음이 아팠다. 오징어내장탕은 어떤가? 오징어를 손질하고 버려지는 내장으로 끓여 낸 오징어내장탕은 정말 시원하고, 오징어 먹물의 고소함과 감칠맛을 느낄 수 있는 음식이다. 또 갓 튀겨 내어 바삭바삭한 새우튀김은 말이 필요 없을 만큼 감동이었다.

하지만 울릉도를 가기 위해서는 배 멀미라는 복병이 있다. 배에 오르자마자 사람들이 매트를 배 중간에 깔고 누워 있는 모습을 보고 궁금했는데, 멀미약을 먹었음에도 배 멀미가 심해 난간을 붙들고 화장실로 이동하다가 새삼스럽게 알게 된 사실이 바닥에 머리를 대고 눕는 것이 배 멀미 줄이는 방법이라는 것을 알게 되었다. 역시 사람이 '눈치가 빠르면 절에 가도 새우젓을 얻어먹는다'는 말이 괜히 나온 것이 아니라는 사실을 몸으로 알게 되었다. 울릉도에서 독도로 가는 배 안의 상황은 더 심각했다. 배가 작아 더 많이 흔들리고, 유리창 옆으로 지나가는 바닷물은 두렵기까지 했다. 독도에 올라 천천히 주변을 둘러보고 싶었는데, 안타깝게도 연세 있으신 분들이 사진을 찍어 달라고 하셔서 정작 우리 사진은 시간이 촉박하여 몇 장 찍지 못했다. 돌아오는 배 안에서 다음에는 더 부지런히 보고, 멋진 사진도 찍으리라 다짐했다.

동전을 던져 여행 장소를 정하는 것은 색다른 느낌이 있다. 동전을 던지는 '재미'뿐만 아니라, 정해진 지역 내에서 가고 싶은 곳을 스스로 찾아보고 선택하기 때문이다. 지금 멀리 떠나는 것이 어려우면 크게 인쇄된 우리 고장 지도를 놓고 동전을 던져도 좋다. 우리가 살고 있는 곳 주변에도 갈 곳은 많으니까 말이다. 괴산 산막이 옛길도 좋고, 속리산 세조길도 좋고, 양성산도 좋다. 동전으로 떠나는 여행의 목표는 전국 일주. 다음 동전은 어디로 향할 것인가? 기대된다.

우리들의 여름 이야기 1

　　이팝나무 꽃향기를 맡으며 걷는 길은 초록색 나무에 하얗게 내려앉은 이팝나무 꽃으로 다시 겨울이 온 듯 포근하고 아름답다. 어제 산책할 때는 보이지 않던 하얀 찔레꽃이 피어나고, 초록색 잎과 노란색 꽃이 매달린 애기똥풀은 사랑스럽다. 어쩌면 이름도 저렇게 귀여울까? 오밀조밀 포도송이 같은 새하얀 아까시꽃이 꽃과 향기로 자신만의 존재감을 드러내고 있다. 담장 아래 수줍게 피어 있는 빨간색 꽃양귀비는 또 어떤가? 불어오는 바람에 하늘하늘 움직이는 붉은 꽃은 쉽게 범접할 수 없는 고고한 아름다움을 느끼게 한다. 이 꽃들을 보면 소박하여 화려하지 않지만, 하나하나 이야기 속 주인공이 된 듯하다. 나뭇잎은 더 푸르러지고, 새들은 더 부지런히 나뭇가지를 물어다 집을 짓는다. 집을 짓는 새들도, 개굴개굴 울어대는 개구리도 여기저기에서 자신의 존재를 드러낸다. 연못에는 어린 물고기들이 떼 지어 다니고, 큰 물고기들은 여유롭게 움직이며 따뜻하다 못해 뜨거운 오월의 햇볕을 느긋하게 쬐고 있다. 점심 식사 후 산책할 때 따가운 햇살에 여름이 왔음을 느낀다. 꽃들과 나무들이, 세상 모든 만물이 이제는 '자신의 때'가 되었음을 온몸으로 나타내고 있다.

지난 주말, 멋진 산과 시원한 물이 있는 옥천에 다녀오게 되었다. 급한 일로 가는 것이 아니었기 때문에 고속도로를 이용하지 않고, 국도로 가는 길. 모내기를 위해 논을 갈고, 물을 가둬 놓은 것을 보니 어릴 적 시골에서의 추억이 생각나 정겨웠다. 잘 그려진 투명한 그림 속으로 들어가는 느낌이다. 가다 보니 고속도로 휴게소 중 경치가 가장 좋다는 금강 휴게소와 인접한 강에서 사람들이 옹기종기 모여 낚시를 하고 있다. 가족끼리 온 사람이 많아 뛰어다니는 아이도 있고, 부모님과 함께 낚시하는 아이도 있다. 이미 물고기를 잡아 요리해 먹는 가족도 있고, 낚싯대를 올려만 놓고 음식을 먹으며 담소를 나누는 가족도 있다.

강 아래로 내려가는 물은 넘실거리며 힘차게 흘러간다. 쏟아져 내리는 하얀 물보라를 바라보고 있으니 시간이 멈춘 것 같다. 한참을 바라보니 검은 형체가 어른거린다. 자세히 살펴보니 거슬러 오를 준비를 하고 있는 물고기들이다. 위로 펄쩍 솟구쳐 오르면 강한 물살에 주르륵 밀려 밑으로 내려온다. 그러거나 말거나 옆에서 다른 물고기가 또 펄쩍 뛰어오른다. '우와, 물살을 거슬러 오르는 물고기를 직접 보다니.' 노래에서 강물을 거슬러 오르는 연어나 '등용문'의 유래에서 급류를 거슬러 올라가는 잉어에 대해 이야기로만 들어 봤지 눈으로 직접 본 것은 처음이라, 신기한 마음으로 물고기가 지치지 않고, 포기하지 않고 뛰어올라 성공하길 응원했다.

또 다른 움직임에 자세히 살펴보니 물속에서 고기를 잡아

물 밖에서 꿀꺽 삼킨 후 바로 물 밑으로 잠수하는 검은색 가마우지다. 잠수한 곳으로 다시 올라오지 않고 빠르게 헤엄쳐 다른 곳에서 물고기를 잡는 유려한 몸놀림은 너무나 아름다워서 한참을 보아도 눈을 뗄 수 없었다. 금강의 물길을 거슬러 올라가는 물고기도, 그 물고기를 잡아먹기 위해 거친 물살에도 거침없이 잠수하는 가마우지도 뜨거운 여름을 맞이하고 있다.

비 온 뒤 산책로는 꽃향기로 가득하다. 더 커지고 초록색으로 반짝반짝 윤기 나는 나뭇잎과 웅덩이 속 올챙이가 힘차게 꼬리를 움직여 헤엄치는 것을 관찰하고 환호하는 아이들의 목소리에서 이 계절의 소중함을 느낀다. 새들이 지저귀는 소리도 형언할 수 없이 아름답다. 아마도 온 정성을 다해 이 계절을 느끼며 지저귀는 것이리라. 모두 다 열정적으로 여름을 살아간다.

추운 겨울을 보낸 후에야 비로소 여름의 뜨거움을 알고,

열정의 여름을 보낸 후에야 결실의 가을을 맞이할 수 있다. 또, 삶에는 부족함이 있어야 그 부족함을 해결하기 위해 스스로 노력하여 성장할 수 있다. 삶을 아름답고 열정적으로 살아갈 수 있도록 해 주는 이 계절. 우리들의 여름 이야기가 시작된다.

새로운 삶을 꿈꾸며

어린 시절엔 여러 가지 이유(물론 가장 큰 이유는 경제적인 이유였다)로 배우고 싶은 것을 배우지 못했다. 그래서 돈을 벌기 시작하면서 학원으로, 도서관으로, 평생교육원으로, 평생학습관으로 퇴근 후에 배우러 다녔다. 지나고 보니 단지 무언가를 배우고 있다는 그 사실 자체가 좋았던 것 같다. 일종의 자기만족. 한식과 채식 요리, 빵 만들기, 세계의 신화와 인문학, 부동산 공경매, 생활 영어 등 이것저것 다양하게 배웠지만 실제로 생활에 사용하지 않으면 그냥 '아는 것', '그냥 배운 것'일 뿐이다. 수업 시간에 배운 음식을 만들어 가족들과 함께 먹어야 손에도 익고, 요리하는 보람도 있는데, 바쁘다는 핑계로

음식을 하지 않으니 여전히 솜씨가 늘지 않는다. 여행 갈 때는
또 어떤가? 배운 영어를 활용하여 호기롭게 자유여행을 계획
하지만, 정작 소심하게도 패키지를 선택한다. 말도 잘 통하지
않는 외국에서 위험한 상황이나 돌발 상황이 발생할 수 있다
는 막연한 두려움 때문이다.

　새로운 삶을 위해서는 가슴속에 묻어 두었던 꿈을 스스로
고백하는 것이 필요하다. 잊고 있던 꿈이 무엇이었는지 알아차
릴 수 있는 기회가 되기 때문이다. 꿈이 있어 새로운 삶을 꿈
꾸는 것은 축복받은 일이지만, 꿈이 없다고 해서 전혀 걱정할
일은 아니다. 지금부터 천천히 기억을 더듬어 보면 '꿈'이 머무
는 지점이 있다. 그곳부터 시작한다면 다가오는 백세시대에도
재미있는 삶을 살게 될 것이다. 사람들에게는 꿈만 있는 것이
아니라 걱정과 어려움도 있다. 속담에 '천석꾼에 천 가지 걱정,
만석꾼에 만 가지 걱정'이라는 말이 있는 것만 보아도 알 수 있
다. 부자들도 걱정거리가 있는데, 부자가 아닌 나에게 걱정이
있는 것은 당연하다. 나의 걱정은 세상의 많은 걱정 중 하나

이기 때문에 세상이 무너질 정도의 큰일이 아니라는 생각으로 걱정에 휘둘리거나 매몰되지 않는 것이 중요하다. 이럴 때일수록 삶의 방향을 자기 자신에게 계속 물어야 한다. 좀 늦더라도 나만의 지향점은 나만 알고 나만 갈 수 있기 때문이다.

요즘엔 퇴근하면 사춘기 아들과 함께 밥을 차려 먹는 일이 큰일이다. 물론 늦게 들어가면 알아서 밥을 차려 먹고 개수대에 넣어 놓은 것을 보고 스스로 밥을 차려 먹을 수 있는 사람이라는 사실에 안도한다. 사춘기 자녀의 요즘 근황은 어떤지, 학교생활은 어떤지 물어보고 싶지만, '방문을 잠그고 방으로 들어간 아이'는 필요할 때를 제외하고는 나오지 않는다. 고민하던 차에, '문을 열고 밖으로 나가 돌아오지 않는 아이'보다는 집에 있는 것이 낫다는 주변 어른들의 말씀에 정신이 번쩍 들었다. 그래, 아이가 집에는 들어오고, 엄마가 늦게 퇴근하면 계란프라이에 볶음밥이라도 만들어 먹고, 학교도 학원도 잘 다니고 있으니 아이에게 감사함을 느낀다. 생각을 바꾸니 걱정되던 마음이 누그러지고 안심이 되는 것은 참 신기한 일이다.

매일매일 새로운 삶을 살기 위해서는 감사하는 마음도 중요하다. 우스갯소리 중에 아무리 먹어도 살이 찌지 않는 것에는 '나이'와 '마음'이라는 말에 혼자서 소리 내 웃다가 명언 리스트에 적어 놓았다. 좋은 사람이 되고 싶은 마음, 괜찮은 사람이 되고 싶은 마음, 행복한 사람이 되고 싶은 마음. 이 행복이라는 단어는 너무나 추상적이지만, 스스로 행복하다고 느끼면 되니 마음의 허기가 느껴질 때 언제 어디서나 채울 수 있는 정서적 휴대용 도시락이다. 요즘 식단을 하고 있는데, 탄수화물을 적게 먹으니 무엇인가 부족하다는 생각이 들어 계속 간식거리를 찾게 된다. 이런 순간을 잘 넘겨야 하는데 간식을 먹게 될 일이 있으면 바라보기만 해도 눈을 뗄 수 없고, 운이 좋아 한 입이라도 먹게 되면 배어 나오는 웃음을 참을 수가 없다. 행복은 멀리 있지 않다. 꽈배기 한 조각에도 웃음이 나고, 차 한 잔을 두고 좋은 사람과의 담소에는 웃음이 끊이지 않는다. 지금 현실에 두 발을 단단히 딛고 서서 하늘을 보며 꿈꿀 수 있는 것. 매일매일 새로운 삶을 살아가기 위해 다시 오늘 시작이다.

우리들의 응원가

중요한 일이 있거나 하루가 유난히 긴 날에는 힘이 나는 음악을 듣는다. 경기할 때 우리 팀의 승리를 기원하며 부르는 '응원가'처럼 말이다. 이런 날에는 이현도의 〈사랑해〉를 듣는다. 약 4분 동안 '사랑해'라는 말이 서른 번 넘게 나온다. 이 노래를 여러 번 반복해서 들으면 마음속 배터리가 충전되며 다시 시작할 수 있는 힘이 생긴다. 내 마음의 에너지 상태를 바로 알아채고 힘을 채울 수 있는 사람은 오직 나뿐이다. 좋아하는 음악은 오늘 하루를 살아갈 용기를 준다.

우리 가족은 퇴근할 때 하는 인사말이 있다. 현관문 열리는 소리가 들리면 하던 일을 멈추고 현관 앞에 서서 "사랑해요, ○○○. 좋아해요, ○○○. 오늘 하루 고생하셨습니다." 이렇게 말한 후 배꼽 인사를 한다. 정말 유치하지만, 이 인사말은 힘을 준다. 하루가 아무리 고단해도 집으로 가는 승강기 거울 속 나의 상태와 표정을 살펴보며 웃는 연습을 한다. 가족들이 웃는 얼굴로 인사하니 같이 웃을 수 있게 된다. 바쁜 남편과 공부하는 아이를 응원하며 대화가 이어진다. 물론 사춘기 아들은 짧게 대답만 하고, 방으로 후다닥 들어가곤 하지만 말이다. 단지 오늘 하루 고생했다고 말만 했을 뿐인데 한 번 더 가족의 하루를 생각하게 되고, 배려하게 되고, 오늘 하루 노고에 대한 감사함을 느끼게 된다.

삼대가 공덕을 쌓아야 할 수 있다는 주말부부를 1년 정도 했었는데, 너무 자유로웠다. 남편과 따로 사니 신경 써서 밥을 차리지 않아도 되고, 남편이 술 먹고 늦게 다녀도 당장 눈에 보이지 않으니 신경 쓰지 않아도 되고, 배우고 싶은 것들을 여기저기 배우러 다니니 너무 좋았다. 가끔 남편이 있는 지역으로 놀러 가기도 했었는데, 작은 원룸에서 혼자 생활하는 것이 안타까워 말이라도 예쁘게 하려고 노력하니 서로 좋은 말을 하게 되고, 사이가 더 돈독해진 것 같다. 성급한 일반화의 오류지만, 부부의 사이가 좋지 않다면 주말부부로 한 번쯤 살아 보는 것도 서로의 중요함을 알기 위한 방법 중 하나인 것 같다.

체고에서 열린 체육대회에서 특강으로 복싱을 배웠다. 사실 몸치라 익숙한 것이 아니면 먼저 나서서 배우지 않는 편이지만, 이번에는 용기 내어 신청했다. 발 자세와 잽을 날리는 법을 배웠는데, 마치 고장 난 로봇처럼 발동작을 하다 보면 손동작을 잊고, 신경 써서 손동작을 하다 보면 발을 움직이는 것을 잊어버린다. 운동은 반복하여 몸에 익히는 것이 중요한데, 시간이 없으니 일단 간단하게 동작을 연습하고 링 위로 올라갔다. 링 위는 출렁거리고 너무 넓은데, 안경마저 벗으니 보이지 않아 두려운 마음마저 들었다. 손을 뻗어 때리라고 하는데, 막상 손을 뻗을 수 없었다. 사람을 때린다는 것에 거부감이 들어 계속 머뭇거리고 있으니, 스파링 해 주시는 코치님이 "세게

때려도 아프지 않다"고 하신다. 이대로 계속 시간을 지체할 수 없어 손을 한 번 휘두르니 역시나 빗나갔다. 다행이라고 생각하면서 문득 깨달았다. 다른 사람이 던지는 뾰족한 말들이 나에게 닿지 않는다면 상처 입지 않으리라는 것을. 그리고 "맞는 것도 연습"이라고 했다. 맞다. 우리의 인생이 언제나 좋은 일만 있을 수는 없다. 그럴 때는 매일 여러 가지 맛의 비빔밥을 먹고 있다고 생각하면 어떨까? 오늘은 조금 매운 맛일 뿐이고, 내일은 담백한 맛일 수도 있고, 또 다른 맛이 기다리고 있다고. 인생의 가르침을 주신 체고 복싱부의 영광을 기원하며 감사한 마음뿐이다.

행동은 말을 따라가고, 말은 행동을 따라간다. 말에는 힘이 있다. 그래서 서로 응원하고 격려하며 각자의 삶을 살아가는 것이다. 우리는 바람에 흔들리는 꽃처럼 이리저리 흔들리며 살아간다. 하지만 바람에 흔들리는 꽃은 부러지지 않는다. 튼튼한 뿌리와 줄기가 있다면 응원과 격려를 받으며 더욱 아름답게 피어나 독창적인 아름다움을 뽐낼 것이다. 단 한 번도 바람을 맞지 않고 피어나는 꽃은 세상에 없으니 말이다. 이럴 때는 나만의 응원가를 만들어 보는 것은 어떨까? 더 이상 두려워하지 않고 해야 할 일들을 사부작사부작 해 나갈 수 있도록 말이다.

내 삶의 콘셉트 잡기

우리 주변에는 만나기만 해도 유쾌해지는 사람이 있다. 어 쩌면 저렇게 애교가 많고, 함께 있는 사람을 기분 좋게 하는 지……. 주변 사람을 잘 챙기고, 재미있는 이야기로 사람들을 사로잡는 매력이 있는 사람이 있다. 숫기 없는 나로서는 그들 이 가지고 있는 그 유쾌함이, 그 애교가, 재미있게 이야기를 풀 어 가는 그 능력이 부럽기만 할 뿐이다. 우리 삶에는 자신만의 콘셉트가 있다. 고등학교 시절부터 나의 콘셉트는 '귀여움'이었 다. 사실 '예쁨'이고 싶었지만, 이 '예쁘다'라는 단어는 엄격하게 평가되기 때문에 누구나 범접하기 어렵다. 누가 봐도 예쁘다고 하는 것은, 나만 그 사람을 예쁘다고 하는 것이 아니라 열 명

중 아홉 명이 '예쁘다'라고 말해 줄 수 있어야 한다. 그래서 차선으로 선택한 것이 '귀여움'이다. 일단, 이 '귀엽다'는 말은 지극히 주관적으로, 사람 사이의 관계에도 영향을 받기 때문에 예쁘다는 말보다 덜 엄격하게, 호의적으로 평가되는 경향이 있어 두루뭉술하게 넘어갈 수 있다. '예쁘다'는 말은 살아가면서 거의 백 점을 맞아야만 들을 수 있다면, '귀엽다'는 말은 칠십 점 정도만 맞아도 주변 사람들에게 들을 수 있는 호의적이고 관대한 표현이다. 하지만 귀여움을 콘셉트로 잡는 것은, 너무나 아쉽지만 스스로 예쁘지 않다는 것을 인정해야 한다.

사실 마흔 살이 될 무렵부터 콘셉트에 대해 고민을 했었다. 여전히 십 대처럼 '귀여움'이 좋을 것인가? 지금의 나와 맞는가? 앞으로 오십의 나이에도 귀여움을 계속해서 피력하는 것은 주변 사람들에게 못할 일이다. 계속 귀엽다고 스스로 주장한다면 상대는 대답하기 어려울 것이고, 대답하기 어려운 '답정너'식 질문은 다른 사람과의 관계까지 어렵게 만들 것이다. 요즘 도서관에서 인문 오딧세이 과정인 '주역' 강의를 듣는데, 나

(我)의 길게 뻗은 획이 사냥할 때 무기인 '창'을 나타낸다고 한다. 나만의 무기를 손에 들고 세상으로 나가 삶을 살아가는 것이다. 게임을 할 때만 무기가 필요한 것이 아니라 일상을 살아가면서도 나만의 무기가 필요하다. 아이들이 게임을 할 때 더 강력한 무기를 얻기 위해 노력하는 것은 우연이 아니라 예부터 내려오던 수렵 생활의 DNA가 현대의 우리에게 전해져 필연적으로 더 강력하고 더 좋은 무기를 찾게 되는 것이다. 강의를 들어 보니 요즘 고민과 맞닿아 있어, 곰곰이 생각하게 되었다. 나이가 있으니 삶을 꿰뚫어 보는 통찰력도 필요하고, 해야 할 것은 고민하지 않고 바로 행동하는 힘도 필요하지만, 이런 능력은 하루아침에 가질 수 없음에 실망하다 깨달았다. 지금 내가 가진 것이 무엇인지 생각해 보는 것이 먼저라는 것을.

어떤 콘셉트를 잡더라도 제일은 '건강'이다. 일이 바빠지면 제일 먼저 포기하게 되는 것이 운동이다. 오늘 하루 운동을 하지 않아도 표가 많이 나지 않는다. 하지만 그 하루가 모여 일주일, 이주일이 지나면 체형이 변하고, 근육이 빠지며 살이 말랑말랑해진다. 그리고 한 달이 지나기도 되기 전에 배가 볼록해진다. 예전으로 돌아가기 위해서는 다시 식단과 운동을 해야 한다. 앞으로 하고 싶은 일이 생겼을 때, 그것을 하기 위해서는 기본 체력이 있어야 한다. 그래서 일하면서도, 공부하면서도 짬짬이 몸 활동을 하고 있는 것이 아닌가? 제일 좋은 것은 식후에 한바탕 걷는 것이다. 하지만 요즘에는 폭염으로 인해 밖으로 나가는 것이 쉽지 않다. 선크림을 바르고 양산을 써도 햇빛과 더위를 피할 수 없다. 이럴 때는 바람이 잘 통하는 나무 밑에 서서 불어오는 바람을 맞는 것도 좋다. 같은 정원이지만 바람이 다니는 길이 있다. 새들이 지저귀며 날아다니다가 나뭇가지 위에서 쉬고 있는 곳, 시원한 바람이 지나가는 곳. 그곳에 서서 시원한 바람을 맞으며 오늘도 나의 두 다리로 가고 싶은 곳을 마음대로 걸어 다닐 수 있음에 감사한다.

나의 콘셉트는 무엇일까? 오늘 하루도 소중한 삶을 살아가기 위해 열심히 노력하는 모습이기를 꿈꾼다.

다시, 목백일홍 피어나는 여름

7월 초, 갑자기 더워진 날씨에 당황스럽다. 외부에 세워 둔 차는 숨이 막힐 정도로 뜨거워 앉는 것조차 두렵고, 빨리 퇴근하고 싶은 마음에 성급하게 핸들에 손이라도 대면 화상이라도 입은 듯 화끈거린다. 작년에도 이렇게나 더웠는지 생각해 보니 역시나 더웠던 것 같다. 따갑다 못해 아픔이 느껴지는 햇볕에 양산을 쓰고 팔 토시를 해야만 산책을 할 수 있다. 뜨거운 환경에 노출되어 일사병과 열사병으로 사람이 쓰러졌다는 뉴스를 들을 때마다 시골에 계시는 부모님께 "한낮에는 다니시지 마시라고, 더위를 조심해야 한다"고 전화 드린 지 며칠 지나지 않았는데, 갑자기 계속되는 폭우가 당황스럽다. 밤새 오는 안전 문자와 내리는 빗소리에 잠들지 못하고 뒤척이다가 전에 근무했던 곳이 생각났다. 주변보다 지대가 낮아 갑자기 비가 많이 오면 배수가 되지 않고 역류하여 운동장에 금방 물이 차고, 인조 잔디가 물에 떠다녀 학생들의 안전과 재산 피해를 막기 위해 동동거리며 빗속을 뛰어다니던 일이 기억났다. 이번 비로 크고 작은 피해를 입은 곳이 많아 안타깝다. 화상 입을 정도로 덥다가 갑작스럽게 내리는 폭우로 인간이 얼마나 나약한 존재인가를 다시 느끼게 되는 여름이다.

이런 날씨에도 나무는 초록색 잎을 달고 늠름하게 서 있고, 사과나무는 초록색 열매를 가지마다 매달고 있다. 연못에는 아침저녁으로 하얀색과 분홍색의 연꽃이 피어나고, 초록색 연잎 위 물방울은 쏟아지는 비에도 동글동글한 모양을 유지하는 것이 신기하기만 하다. 봄에는 떼 지어 다니는 물고기를 볼 수 있었는데, 요즘은 수초와 연잎을 건드리며 보이지 않는 곳에서 자신의 존재를 알릴 뿐이다. 이렇게 여름이 되어야만 아름답게 피어나는 꽃이 있다. 바로 목백일홍. 절이나 고택에서 여름을 맞이하며 피어나는 목백일홍은 존재만으로도 여름의 절정을 느낄 수 있게 한다. 매일 출근하며 지나던 길에서 마주한 목백일홍 한 그루에 가슴이 뛰기 시작한다. 나뭇가지에 꽃 한 송이가 아니라 무수히 많은 작은 꽃송이들이 조잘조잘 모여 꽃망울 무더기로 이루어져 백일을 핀다는 목백일홍을 보니 정말 여름이 왔음을 느낀다. 여름이 아무리 더워도 이 여름을 기다리는 이유는 끊임없이 피고 지는 목백일홍 덕분이다. 또 사각사각 시원하고 달콤한 수박은 어떠한가? 수박을 잘라 한 입 베어 물면 온몸이 시원해지며 갈증이 사라진다. 실온에 둔 수박보다 한입 크기로 썰어 냉장고에 넣어 둔 수박은 먹는 재미가 있다. 몸은 덥지만, 입안에서는 첫눈이 내린 후 사박사박 눈을 밟으며 때 이른 겨울을 만끽하고 있다. 또 한 입 베어 물면 단물이 뚝뚝 떨어지며 팔뚝을 타고 흐르는 복숭아 과즙이 일품인 복숭아도 여름을 기다리는 이유 중 하나다. 여름 내내 목백일홍 꽃을 보고, 시원하고 단 과일을 먹을 생각에 여름이 더 이상 두렵지 않고 기대된다.

복날이 언제인가 달력을 보니, 오늘이다. 더위를 이겨 내고 기력을 회복하기 위해서는 복달임 음식을 먹어야 여름을 건강하게 날 수 있다는 날이다. 삼계탕 세트에 나오는 한약재 달인 물에 잘 씻은 닭과 대추, 밤, 찹쌀로 배를 채워 인삼과 마늘을 넣고 보글보글 끓여 낸 삼계탕은 더운 여름에 땀을 흘리며 먹는 음식이다. 닭을 먹고 난 후에는 당근과 감자 등 냉장고에 있는 채소를 쫑쫑 썰어 닭죽을 만들어 먹어도 좋다. 요즘 식당에서는 누룽지 없은 삼계탕을 팔기도 하는데, 누룽지를 먹든 닭죽을 먹든, 먹는 사람의 선택이다. 사실 더운 여름에 삼계탕을 끓이는 일은 매우 수고로운 일이지만 가족들이 더운 여름을 건강하게 보내길 바라는 마음으로 기꺼이 뜨거운 불 옆에서 삼계탕을 끓이곤 하는 것이다.

아이가 다니는 학교는 폭염으로 단축 수업을 하다가 비가 오니 원래 수업 시간으로 돌아간 요즘. 다시 오지 않을 2025년의 여름을 나만의 방법으로 즐겨보는 것도 좋을 것이다. 꽃으로, 음식으로, 산책으로 그리고 운동으로. 오늘 하루도 건강하고, 열정적으로 살아가기 위해 노력해야겠다. 끊임없이 피고 지는 이 여름날의 목백일홍처럼.

목백일홍(木百日紅)

천년고택 주인 되어 지켜 온 목백일홍

따가운 햇살, 쏟아지는 소나기에도

다시 꽃 피우는 목백일홍

세월 따라 피고 지고 피고 져도

끊임없는 열정으로 붉게 피어나리라.

※ 목백일홍을 보고 지은 자작시입니다.

휴가 이야기

더운 여름에는 더위를 피하는 방법이 있다. 집에서 에어컨을 켜고 시원한 수박을 먹고 재미있는 웹툰을 보거나, 보고 싶었던 영화를 보거나, 평상시에 읽고 싶었던 책을 읽는 '집에서' 휴가가 있다. 이 휴가의 장점은 멀리 이동하지 않고, 사람이 많은 곳을 가지 않아도 되고, 무엇보다 사람들을 만나지 않아도 된다는 점이다. 하지만 이 휴가의 단점은 집에서만 있으니 일상생활에 필요한 집안일을 해야 한다는 것이다. 밥을 지어 먹고, 설거지와 청소, 빨래를 하는 등 꼭 필요한 가사일을 해야 한다는 것이다. 첫날은 조금 미루어 두고 아무것도 하지 않아도 되지만, 둘째 날부터는 한쪽 눈을 살짝 감아야 한다. 배달 음식을 먹어도 되지만 청소는 언젠가 해야 하고, 물 한 잔을 먹어도 컵을 사용하니 설거지를 해야 한다. 하루 종일 이불 속에서 뒹굴다가 산책을 한다. 집 주변에 있는 공원과, 명암지 주변 산책로를 걷는 것은 계절의 변화를 가장 빨리 알 수 있고, 초록색 나무를 보고, 탈피한 매미 껍질과 나무에 매달려 한참을 울어 대는 매미를 찾아보고, 물속에서 천천히 움직이는 잉어 떼를 보는 것은 나름대로의 재미가 있다. 가끔 산성을 올라도 좋다. 전에는 탁 트인 길로만 다녔는데, 나무 사이로 난 오솔길로 다니니 햇빛을 피해 시원하게 다닐 수 있다. 그 길로 동생들과 다니면서 이런 얘기, 저런 얘기를 하다 보면 정신이 맑아지고, 나의 문제가 정리가 되는 느낌이다.

집에서의 휴가도 좋지만, 밖으로 나가는 것도 좋다. 굳이 멀리 가지 않아도 좋다. 하지만 아주 가끔은 고속도로를 이용해서 멀리까지 나와 보는 것도 재미있다. 아니, 직장을 가지 않고 휴일이 아닌 평일에 노는 것 자체가 좋은 것이다. 이게 또 완전히 직장을 그만두고 쉬라고 하면 그렇게 좋은 일도 아니고,

마음도 편하지 않을 것이다. 전에 육아 휴직을 했었는데, 아이를 기다리며 음식을 만드는 것도 좋고, 비가 오면 우산을 가지고 아이를 데리러 가는 것도 너무 좋았다. 하지만 비 오는 날은 꼭 우산 가지고 데리러 오라고 신신당부하던 아이는 몇 번해 보더니 식상해졌는지, 이제는 데리러 오지 말라고 했다. 아이가 그렇게 말하니 휴직 기간에 아이의 하교 시간에 매이지 않고 마음 편하게 지낼 수 있었다. 아이는 성장한 것이다. 진정한 휴가는 가고자 하는 장소를 정해서, 주변에 무엇이 있는지 미리 알아보고 무엇을 할지 정하는 것이 필요하다. 이번에는 동생들과 함께 제주도로 휴가를 가기 위해 계획을 세웠다. 제주도는 여러 번 가 봤지만 용머리해안을 가 보지 못했다. 가는 날이 장날인지 태풍이 불거나, 물이 들어왔거나, 비가 오는 등의 기상이 좋지 않아 몇 번을 가도 성공하지 못했다. 이번 제주도 여행의 목표는 '용머리해안 다녀오기'와 '사려니숲길 걷기'다. 사려니숲길은 전에 갔을 때 숲 해설을 신청하여 전문가의 설명을 들으며 제주도의 식생에 대해 알게 되니 너무 좋았다. 아마 우리끼리만 다녔다면 옆에 있는 나무의 이름조차 몰랐을 것이다.

지나고 보면 우리가 원하는 것들을 하기 위해서나 머리를 정리하기 위해서는 차를 타고 다니는 것보다는 걸어서 다니는 것이 더 기억에 많이 남고, 삶의 관점을 정비할 기회를 갖게 된다. 삶의 관점을 재정비할 기회가 있다는 것은 축복이다. 우리의 삶은 사실 우리의 생각에 좌우될 확률이 높다. 그리고 생각이 한 번 정해지면 바꾸기는 어렵다. 하지만 여기저기 다니면서 새로운 것을 보고 느끼고 생각하게 되면, 그것을 시작으로 삶의 변화가 이루어진다.

휴가의 좋은 점은 열심히 일상을 살아가며 생각만 해도 힘이 나고, 휴가가 끝나고 일상으로 복귀한 후에는 다녀와서 맛있게 먹은 음식과 함께했던 것들을 생각하며 평범한 일상을 더 열심히 살아갈 수 있다. 물론, 또 너무 힘든 일이 계속되면 다음 휴가를 기대하며 보내면 된다. 우리들이 일을 하는 동안에는 몸과 마음을 쉬게 해 줄 휴가가 필요하기 때문이다. 다음 휴가는 전에는 시도해 보지 않았던 호캉스를 해 보고 싶다. 일어나서 따로 음식을 만드는 수고를 하지 않아도, 일상의 흔적인 빨래와 청소를 하지 않아도 되기 때문이다. 아무것도 하지 않고 해 주는 음식을 먹고, 쉬면서 나만의 시간을 돈을 주고 사는 것이다. 아직 하위 직급인 나의 시간과 노력을 돈으로 환산하는 것 중에서 어느 것에 비중을 둘지는 심각하게 생각해 볼 문제지만 말이다.

우리들의 여름 이야기 2

　이번 휴가는 친정 식구들과 함께 생각만 해도 기분 좋은 제주도로 다녀왔다. 우리 지역에는 없는 푸른 바다와 구멍이 송송 뚫린 검은 돌로 만들어진 낮은 담도 아기자기하다. 기름을 바른 듯 반짝반짝 매끄럽게 윤이 나는 초록색 동백나무도 예쁘다. 휘날리는 억새 사이로 새별오름에 올라 바람을 맞는 것도, 오밀조밀 나무에 매달린 주황색 귤을 보는 것도 감동적이다. 여행 중 먹게 되는 제주만의 음식은 여행을 더 기대되고 즐겁게 해 준다. 익숙한 곳을 떠나 새로운 곳에 대한 동경 때문일까? 아니면 버킷리스트 중 하나인 '한라산'과 '용머리해안' 때문인지 모르겠다. 용머리해안은 제주도에 갈 때마다 안내소에 전화해 출입 가능 여부를 문의하는데, 날씨가 좋지 않거나 물때가 맞지 않아, 또는 파도가 심하게 치는 등의 이유로 허락을 받지 못했다. 이번에도 파도로 인해 들어가지 못해 아쉬운 마음을 다독이며 우리들의 숙소가 있는 곽지해수욕장으로 향했다.

끝없이 펼쳐진 바다와 푸른 하늘이 만나 어느 곳이 바다인지, 어느 곳이 하늘인지 구름이 없었다면 구분이 되지 않을 정도다. 아이들은 바다를 보자마자 뛰어들고, 아이들이 놀고 있는 얕은 바다는 튀르키예 여행 중 보았던 터키석의 하늘색보다 아름답다. 바다의 아름다움을 기억하기 위해서 터키석 팔찌를 구입을 고민하고 있는 나의 물욕적인 모습에 웃음이 절로 났다. 아이들은 바다로 들어가 물놀이를 하고, 어른들은 주변에서 아이들을 살핀다. 규칙적으로 몰려오는 파도에 아이들은 장난을 치느라 자꾸 뒷걸음질 치며 까르르 웃어 댄다. 밀려드는 파도에 멀어지는 아이들을 잡기 위해 바다로 들어간다. 아이들은 모두 함께 웃고 떠들며 물놀이는 계속된다. 햇볕이 따가워 숙소에서 쉬다가 저녁에 나와 보니 사람들이 모여 있다. 궁금한 마음에 다가가니 헤드랜턴을 쓰고 바위틈에서 젓가락으로 게를 잡는 사람도 있고, 모래성을 쌓는 사람도 있다. 우리 아이들도 사람들과 함께 게를 잡기 시작한다. 작은 복어나 새우를 잡은 사람도 있다. 낮에는 작은 물고기만 몇 마리 보였는데, 밤이 되니 여러 동물들이 나와서 헤엄치며 한여름 밤의 한가로움을 즐긴다. 해변에서 쉬다가 폭죽놀이를 하는 사람들도 한여름 밤을 즐긴다. 저 멀리 오징어잡이 배들은 저마다 달처럼 환하게 밤을 밝히고, 우리가 쏘아 올린 폭죽은 어두운 밤하늘에 반짝반짝 별이 되어 내린다.

이름만으로도 멋진 사려니숲은 어떤가? 하늘을 향해 뻗은 삼나무숲 사이로 난 길을 들어가며 미지의 세계로 향하는 〈나니아 연대기〉 속 주인공이 된 것 같다. 천천히 걸으며 몸에 좋은 공기를 더 많이 마시고 싶은 욕심쟁이처럼 숨을 마시며 기지개를 켜 본다. 그리고 삼나무 길을 걸으며 혼자만의 세계 속으로 오롯이 들어간다. 중간에 앉거나 누워 쉴 수 있는 장소가 있어 의자에 앉아 들려오는 새소리와 매미 소리에 살짝 눈을 감았다 떠 본다. 소리가 들리지 않았다면 시간이 멈춘 것 같은 착각이 들 정도다. 소리의 출처를 찾으려고 주변을 살피다가 하늘을 올려본 순간, 반짝이는 나뭇잎 사이로 보이는 푸른 하늘에 마음이 설렌다. 탄산수처럼 상큼하면서도 청량한 매미 소리에 '어떻게 저렇게 힘차게 울 수 있을까?' 감탄하며 시원하게 불어오는 바람을, 반짝반짝 빛나는 나뭇잎을, 나뭇잎 사이로 보이는 파란 하늘에서 행복을 느낀다. 여름에는 시원함과 여유로움을 느낄 수 있어 느티나무 밑 쉼터에서 쉬시는 어르신들이 많은가 보다. 이렇게 매미 소리를 들으며 하늘을 보고 있으면 오늘 하루를 살아갈 힘이 생긴다. 땅속에서 오랜 시간 애벌레로 살다 땅 위로 올라와 한 계절을 힘차게 살아가는 매미는 이 여름을 온전히 지낼 수 있는 선한 영향력이 있다. 매미처럼 힘이 넘치는 사람이 되고 싶은 마음이 새록새록 생긴다. 시간과 자연이 만들어 준 숲길에서 몸과 마음이 치유되는 느낌이다. 제주의 여름을 함께하며 푸른 하늘과 초록 숲을 보며 자연의 향기를 느낄 수 있음에 감사하는 마음뿐이다. 이렇게 우리들의 여름 이야기는 계속된다.

일상에서 행복 찾기

다시 날씨가 더워졌다. 입추가 지나니 아침저녁으로 선선해졌다고 좋아했는데, 좋아했던 것이 무색하게도 처서가 지나도 여전히 폭염이다. 그래도 절기는 무시할 수 없는지 한낮의 햇볕은 여전히 뜨거워도 아침저녁으로 불어오는 바람이 시원하다. 한껏 높아진 푸른 하늘도, 쏟아지는 햇빛 아래 자잘하게 빛나는 냇물의 윤슬도, 밤이면 울기 시작하는 귀뚜라미도 가을이 오고 있음을 알린다. 오랜만에 달리기 시작한 명암지에는 아직 여름이라는 것을 알리듯 상큼한 칡꽃 향기가 난다. 이제 가을이 되면 또 다른 향기로 계절의 변화를 세상에 알릴 것이다. 아침에 운동하는 사람들을 보니 활기차고 건강하게 하루를 시작하는 모습에 운동해야겠다는 마음이 저절로 생긴다. 요즘 달리기가 유행이라니, 함께하고 싶은 마음이다. 아침 일찍 운동한 날은 하루가 길다. 이렇게 하루가 긴 날은 향이 진한 커피로 머리와 몸을 깨우며 하루를 살아갈 힘을 얻는다.

화장실의 짧은 글을 읽는 것도 힘이 난다. 우리 원 화장실에는 명언이 적혀 있는데, 오늘따라 글이 눈에 들어온다. "생각하는 대로 살지 않으면, 사는 대로 생각하게 된다."라고 말한 프랑스 소설가 폴 부르제의 글을 읽는 순간, 삶에 대한 혜안에 존경스러운 마음이 들었다. 우리가 '별생각 없이' 삶을 관성적으로 살게 되면, 결국에는 주어진 환경에 맞춰 살아가고 생각하게 된다는 것이다. 매 순간 삶에 대한 주관을 가지고 살아가는 것의 중요성을 언급한 글로 읽는 순간, 머리를 맞은 듯했다. 주관을 가지고 잘 살아가고 있다고 생각하지만, 잘 살고 있는지는 의문이다. 이전과 다르게 생각하고 다르게 살기 위해 노력하고 있지만, 불쑥불쑥 익숙한 삶으로 돌아가려고 한다. 매일 건강을 위해 아침 운동을 하겠다고 다짐하지만, 아침에 눈을 떠서 한참 이불 속에서 미적거리는 모습을 생각하면 이해하기 쉽다. 하지만 잠을 떨치고 일어나 운동을 하게 되면 성취감과 오늘도 열심히 살고 있다는 만족감에 삶에 대한 동기 부여가 된다.

또 "할 수 있다고 믿는 사람은 그렇게 되고, 할 수 없다고 믿는 사람 역시 그렇게 된다."라는 샤를 드골의 말도 감동적이다. 우리 주변을 살펴보면 할 수 있다고 믿는 사람은 그 일을 해내기 위해 방법을 찾고, 할 수 없다고 믿는 사람은 변명거리를 찾는다. 사실 우리가 해야 할 일을 하고 싶지 않을 때 그것을 하지 않아야 할 이유는 무궁무진하다. 그리고 할 수 있는 방법을 찾으려고 하면 처음에는 막막하지만, 결국에는 해낼 수 있는 방법을 찾을 수 있다. 지금 우리에게 필요한 것은 유연한 사고와 할 수 있다는 자신감이다. 우리가 하는 모든 일에는 '처음'이 있다. 이 '처음'을 해결해 나가는 방법은 자신감을 가지고 관성적으로 생각하지 않고, 여러 가지 방법을 스스로 찾고 시도해 보는 것이다. 무엇이든 처음이 어렵지 두 번째는 처음만큼 어렵지 않다.

화장실에서 뜻하지 않게 글감을 찾아내 환호를 하다가 '이 야기를 어떻게 풀어낼 것인가?' 고민도 하다가 화장실에서 감 동적인 명언을 발견한 이야기는 누구나 경험했을 법한 이야기 로, 혼자만의 경험이 아니라고 생각하여 이렇게 이야기를 풀어 낸다. 가장 편안한 장소인 화장실은 혼자이기 때문에 생각하 기도 쉽고, 웃기도 쉬운 곳이다. 우리 삶에 행복이 따로 있나? 쉽게 웃고 생각할 수 있는 이야깃거리가 있다는 것이 바로 행 복이다.

삶의 교훈이 응축된 명언의 좋은 점은 삶에 대한 통찰을 얻을 수 있을 뿐만 아니라 인생의 방향을 알려 주고, 그렇게 살아갈 수 있도록 꿈꾸고 노력할 수 있도록 한다는 것이다. 그 래서 많은 사람에게 위안과 공감을 주고, 시대와 국가를 초월 하여 꾸준한 사랑을 받는 것이 아닐까?

시간과 돈 그리고 체력은 영원하지 않기 때문에 우리는 '현재'를 잘 살아야 하고, 일상에서 행복을 찾는 기쁨을 '지금' 누려야 한다.

　　　　　오늘 하루 토닥토닥, 우리 꽃길만 걸어요

동물원 이야기

　우리 동네에는 동물원이 있다. 집에서 가깝기도 하고, 아이도 좋아해서 아이가 어릴 때는 자주 다녔다. 퇴근 후 아이와 동물원에 들어가면 헤엄치는 모습이 멋진 점박이물범, 보는 것만으로도 초원에 서 있는 것만 같은 얼룩말, 어린이들의 뽀통령 뽀로로의 영원한 친구 에디로 아이들이 좋아하는 사막여우, 어디에서 나타날지 모르는 포식자를 경계하는 미어캣, 옹기종기 모여 낮잠을 즐기는 프레리도그, 나무 위에서 공처럼 웅크리고 잠을 자는 나무늘보 그리고 아무 때나 침을 뱉어 가까이 가기엔 너무 부담스러운 과나코까지. 물론 곰도, 사자도, 표범도, 호랑이도 있지만, 동물들과 인사하다 보면 폐장 시간이 되어 호랑이가 사는 곳까지 가 보지도 못하고 돌아 나오곤 했다. 지금은 사춘기가 되어 무슨 말만 하면 "왜 그러시죠?"라고 말하는 아이도, 예전에는 만나는 동물에게 인사하는 친절한 아이였다. 심지어 어린이집 담장 펜스 거미줄에 매달린 긴 호랑거미에게도 매일매일 인사하곤 했는데, 어느 날 새에게 잡아먹혀 다리만 남은 충격적인 모습에 통곡하는 아이를 달래느라 바쁜 출근길에 난감했던 기억이 있다.

동물원을 다니며 운이 좋았던 일은 나무늘보가 움직이는 모습을 본 것이었다. 하루의 대부분을 잠자는 나무늘보는 동물원을 여러 번 방문했지만 움직이는 모습을 본 적이 없었는데, 그날은 팔을 뻗어 사과 조각을 집어 아삭아삭 먹는 모습에 우리는 환호했다. 영화 〈주토피아〉에서 나무늘보가 눈을 끔벅이며 천천히 업무를 보다가, 스포츠카를 몰며 스피드를 즐기는 모습에서 어떻게 저런 반전을 생각할 수 있는지, 애니메이션을 만드는 사람들이 매우 창의적이라고 생각했다.

매번 아이가 가는 곳에서 벗어나 다른 길로 가면 토끼 우리가 있다. 토끼는 철망으로 만들어진 우리 옆에서 볼 수 있었는데, 먹이를 주면 옹기종기 모여들었다. 생당근을 잘 먹지 않던 아이는, 토끼가 먹는 당근이 맛있어 보였는지 한 번씩 입으로 가져가곤 했다. 땅에 떨어진 당근을 주워 먹으려고 해서 아이에게 먹지 말라고 제지를 했던 일도 기억났다. 물새장으로 가면 책 속에서 본 다리와 부리가 분홍색인 홍학과 물속에서 먹이를 먹으며 우아하게 헤엄치는 고니 그리고 이리저리 돌아다니는 새들과 길쭉길쭉한 검은 다리를 뽐내며 우리가 학이라고 알고 있는 두루미까지. 위로 올라가면 공작, 참 매, 독수리도 있다. 공작새가 꼬리를 활짝 펴서 화려한 모습을 드러내면 우리는 헤라가 자신에게 충성했던 거인 아르고스의 백 개의 눈을 공작새의 꼬리에 새겨 넣었다는 그리스 신화를 이야기하며 눈동자를 닮은 무늬를 세곤 했다. 물론 백까지 세지는 못했지만 말이다. 그 앞에 있는 독수리를 가까이에서 보고 있자면 그 크기와 위풍당당함에 놀라며, 안타까운 마음마저 들었다. 푸른 하늘을 훨훨 날아다니며 사냥하는 것이 독수리의 본능인데, 새장 안에서 날개 한번 마음대로 펴지 못하고 주는 먹이를 먹으며 살고 있으니 말이다. 다쳐서 보호받고 있는 경우를 제외하고는 다른 사람이 주는 밥을 먹는 삶이 좋은 것만은 아니다. 바꿔 생각하면 그 사람이 밥을 주지 않는다면 언제든 굶어 죽을 수 있다는 말이기 때문이다. 나의 삶과 죽음을 다른 사람 손에 맡긴다는 것은 얼마나 슬픈 일인가? 스스로의 힘으로 움직이며 일하고 먹고살 수 있음에 참으로 감사한 마음이 든다.

오랜만에 간 동물원에는 북미산 붉은여우인 '김서방' 여우가 있다. 이 김서방 여우는 애완동물로 살아가다가 탈출하여 세종과 청주 주변에서 발견되어 갖은 고생 끝에 동물원에서 살고 있다. 햇살이 따사로운 나무 덤불 아래에서 길게 누워 있는 모습은 참 한가롭고 평온하다. 늑골이 드러날 정도로 말라 '갈비사자'라고 불리던 '바람이'도 살이 올라 넓은 사육장을 여유롭게 다닌다. 청주동물원이 동물 복지 친환경 동물원으로 변모하여 예전보다 더 좋아지고 있지만, 이제 사춘기가 온 아이는 함께 다니려 하지 않는다. 예전에 먹이를 잡아먹는 연습을 하던 아기 점박이물범과 어린이날 태어난 과나코 과린이와 나무늘보가 천천히 움직이며 사과를 먹던 순간을 이야기하면 우리는 웃으면서 함께 그때 이야기를 한다. 우리들의 동물원이 영원한 것처럼.

색연필로 그리는 세상

이제는 가을이다. 아침부터 땀을 흘리며 눈을 뜨곤 했던 여름과 달리 아침저녁으로 선선해졌다. 갑자기 선선해진 날씨에 '올겨울은 얼마나 추울까' 걱정하다가 며칠 전만 해도 더위로 힘들어하던 것이 생각나 웃음이 절로 났다. 푸른 하늘과 따사로운 햇살도, 시원하게 불어오는 바람도, 매일매일 조금씩 색이 변하고 있는 나뭇잎도 이제는 가을임을 알린다. 단풍나무 끝이 꽃처럼 붉은색으로 물들고, 뜨거웠던 여름을 지낸 초록색 나뭇잎은 조금씩 노랗고 붉은 색으로 물들어 간다. 가로수로 심어진 화살나무의 단풍은 마치 붉게 피어난 꽃 같다. 푸른 하늘에 구름도 모두 다른 모양과 색으로 지나간다. 어쩌면 저

오늘 하루 토닥토닥, 우리 꽃길만 걸어요

렇게 아름다울 수 있는지, 자연의 아름다움에 대해 경탄한다. 날이 시원하더니 다시 더워지고, 더워지나 싶었는데 다시 시원해져 가을을 오롯이 느끼며 걷기에 딱 좋은 날씨다. 이런 날에는 마음 맞는 친구와 햇볕 아래에서 걷기만 해도 스트레스가 풀리고, 오늘 하루를 온전히 살아갈 용기를 얻는다. 한여름 더위를 이겨 내고 바람에 흔들리는 길가에 강아지풀도 새삼스럽게 사랑스럽다.

이럴 때는 색연필로 수첩에 글을 쓰기도 하고, 책 속의 감동적인 글에 밑줄을 긋는다. 혼자만의 영역 표시를 하는 것이다. 눈이 온 날 아무도 밟지 않고 쌓인 눈 위에 발자국을 내며 걷거나, 길 위에 남겨진 강아지의 귀여운 발자국처럼 말이다. 그날의 기분에 따라 좋아하는 색으로 글을 쓰고 밑줄을 치며, 중요한 부분에는 동글동글 원을 그려 넣거나 별을 그려 넣기도 하고, 빨간색이나 주황색으로 포인트를 주어 색을 칠하면 이미 뿌듯함으로 그날의 스트레스는 사라진다. 전에는 12색으로도 충분했는데, 지금은 64색을 사용하고 있음에도 나무에 매달린 붉은 사과나 초록 잎사귀의 색을 담아내기 어렵다. 단지 나의 수첩과 좋아하는 책에 자연을 닮은 색이 있다는 사실만으로도 힐링이 된다.

색연필의 장점은 여러 가지가 있지만, 제일 좋은 점은 투명한 느낌이다. 크레파스처럼 불투명하고 질감이 두텁지 않아 가볍게 칠할 수 있고, 잘못 칠했을 때는 완벽하지 않아도 지우개로 지울 수 있다. 또 물감처럼 그림을 그리기 위해 별도의 준비가 필요하거나 마를 때까지 기다리지 않아도 되고, 뒷정리가 필요하지 않고 색연필만 꺼내 칠하면 되니 언제 어디서든 시작할 수 있다. 또, 색연필 칠하는 사각거리는 소리와 빈 곳을 채워 나가며 오롯이 느껴지는 몰입감과 완성된 후의 뿌듯함이 좋다.

귀뚜라미마저 잠들지 못하는 가을밤. 색연필을 움직이며 오늘 하루를 비워 내고 원하는 색으로 스스로를 채워 간다. 낮에 했던 실수와 잘못들을 지우개로 깨끗이 지워 내고, 좋아하는 색으로 알록달록하게 칠하고 하루를 정리하며 잠들 준비를 한다. 이렇게 하면 다시 하루를 살아갈 평온한 마음과 힘을 얻는다. 어린 시절 읽었던, 『파랑새』를 찾아 헤매던 치르치르와 미치르 남매가 여러 곳을 다녀온 후에야 우리들의 파랑새가 먼 곳에 있지 않다는 것을 알게 된 것처럼. 또 『오즈의 마법사』에서 자신에게 없는 지혜와 용기, 따뜻한 마음을 얻기 위해 마법사 오즈가 있는 에메랄드로 함께 떠났던 허수아비와 사자, 나무꾼처럼. 우리가 이미 가지고 있지만, 미처 그 사실을 알지 못할 수 있다. 어릴 때는 매일매일 재미있는 일이 있기를 기대했었지만, 나이 들어 보니 평범한 하루가 주는 행복이 얼마나 크고 감사한 일인가를 느낀다.

우리가 원하는 것은 멀리 있지 않고 우리 주변에 있다. 동동거리며 하루를 살아가기는 바쁘지만 또 일주일은 금방 지나가듯이, 우리 마음속에 무지개를 품고 살아갈 수 있는 것만으로도 오늘 하루를 씩씩하게 살아 낼 용기를 얻는다. 푸른 하늘과 따뜻한 햇볕, 시원하게 불어오는 바람, 익어 가는 곡식과 하루가 다르게 단풍이 들어가는 나무들을 보며 이 가을을 느끼기에는 짧다. 길고 더웠던 여름을 지낸 자연의 아름다움에 감탄하며 평범한 일상에 감사하는 마음뿐이다.

이제 다시 일상으로 출발~

    며칠 동안 비가 내렸다. 정원 나무 밑 잔디 위에서 버섯이 솟아났다. 무더기로 난 버섯을 보는 것만으로도 느타리버섯이나 표고버섯이 생각나 부자가 된 듯 마음이 푸근해진다. 먹을 수 있는 버섯이라면 더 좋겠지만, 먹을 수 없는 버섯을 보는 것만으로도 한껏 다가온 가을의 한 자락을 먼저 느낄 수 있는 호사에 기분이 좋아진다. 어린 시절 만화에서 봤던 〈개구쟁이 스머프〉에서 스머프들이 사는 버섯 모양 집과 마을이 생각나기도 하고, 일렬로 길을 이룬 버섯을 따며 점점 더 깊은 산속으로 들어가며 모험을 떠나는 이야기 속 주인공이 된 것 같은 상상을 하다가, 봄에 고사리를 채취하다가 욕심에 산을 넘어

한순간 길을 잃는 사람들의 마음이 이해되었다.

　매일 같은 곳을 산책해도 매번 다르게 느껴진다. 그날의 햇빛과 바람, 온도 그리고 기분에 따라 더 색감 있고 아름답게, 더 청량하게 느껴지는 날도 있지만, 갑자기 한순간 빛을 잃은 흑백 영화의 한 장면으로 다가오는 날도 있다. 이런 날은 유난히 하루가 길다. 무엇을 하건 실수투성이다. 자책하는 마음에 사로잡힌다. '나는 왜 이럴까?' 이런 생각이 들기 시작하면 이미 마음은 불안해지고, 불 위에서 구워지는 오징어처럼 한없이 작아지고 오그라든다.

　이럴 때는 바로 옷을 입고 밖으로 나가야 한다. 걸어도 좋고, 뛰어도 좋다. 그것도 힘들면 좋아하는 차를 마시고 그냥 돌아와도 된다. 중요한 것은 일단 밖으로 나가서 지금 마음속에서 일어나는 생각을 멈추는 것이다. 한 가지 일이 있을 때 상상의 나래를 펼치고 끊임없이 걱정하는 사람으로서 이런 상황을 한번 끊어 주는 것이 중요하다. 하지만 집에서, 직장에서, 매번 다람쥐 쳇바퀴 돌 듯 돌아가는 일상에서는 비슷한 상황에서 발생하는 걱정들을 끊어 내기가 쉽지 않다. 그렇기 때문에 걱정거리가 있을 때는 무조건 밖으로 나가 맑은 공기를 마시고, 따뜻한 햇볕을 쬐고, 몸을 움직이며 환경을 바꿔 스스로 움직일 수 있는 힘을 주는 것이 최선이다. 삶을 살아가는 동안 걱정을 없앨 수는 없지만, 스트레스의 강도를 낮출 수는 있다. 산책을 하며 보게 되는 새빨간 단풍잎이, 나무 밑에 솟아오른 버섯이, 연못 속 헤엄치는 물고기가, 길가에 떨어진 반짝반짝 빛나는 도토리와 주변 빵집에서 나는 고소한 빵 굽는 냄새와 활기차게 지나는 사람들에게서 일상을 살아갈 용기를 얻는다.

또 일상생활에서 해야 할 일들을 적어 놓고 하나씩 하나씩 사부작사부작 해 나가며 목록에서 지워 나간다. 사소하고 일상적인 일도 좋다. 그렇게 하면 성취감이 생겨 자책하는 마음에 잠식되지 않고 일상을 살아 낼 수 있다. 이 '사부작사부작'이라는 말의 뜻을 살펴보면 '별로 힘들이지 않고 가볍게 행동하는 모양'을 나타내는 말이지만, 사실 힘들 때는 무엇을 시도한다는 것 자체가 매우 어려운 일이다. 하지만, '그럼에도 불구

하고' 사부작사부작 삶을 살아가고, 꼼지락꼼지락 움직일 수 있음에 감사함을 느낀다.

긴 휴식을 뒤로하고 우리의 일상이 시작됐다. 이럴 때 필요한 것은 긴 연휴에 야식을 자주 먹어, 토실토실 살이 올라 두 턱이 된 얼굴 살과 이제는 헤어질 시간이다. 드라마 〈다 이루어질지니〉에서 만난 인간의 감정이 결여된 가영이와 인간의 타락을 바라던 지니도, 신수인 재규어 세이드와 수리부엉이 이렘이도, 드라마 〈백번의 추억〉에서 김다미가 연기하는 영례와 신예은이 연기하는 종희를 보며 언제 어디서 '마녀'와 '연진이'가 나올지 몰라, 가슴 졸이며 보던 순간도 얼마나 재미있던지. 시간이 금방 지나가 버렸다. 아이에게 스마트폰 사용을 줄이라고 이야기하던 것이 부끄러울 지경이다. 길었던 연휴가 순식간에 지나가 아쉬움을 뒤로하고 젊은이들의 사랑 이야기를 보며 오늘 하루도 지나간다. 역시 제일 즐거운 일은 사람 사는 세상에서 일어나는 일상적인 이야기다. 이제 다시 소소한 일상의 시작이다.

다시 빛나는 가을

    요즘 추워진 날씨에 깜짝 놀랄 지경이다. 비 오는 날이 계속되다, 푸른 하늘과 맑은 가을 날씨를 다 느끼기도 전에 갑자기 추워져 가을이 사라진 것 같아 당혹스럽기까지 하다. 벌써 잎이 떨어져 바람에 흔들리는 앙상한 나뭇가지를 보며 올겨울 추위를 예고하는 것 같은 착각마저 든다. 하지만 빨간색과 노란색으로 단풍이 곱게 들어 가는 나무에서, 여러 가지 색의 국화꽃이 피어나고, 나날이 향기가 진해지는 노란색 모과에서도, 나뭇가지에 주렁주렁 매달려 단풍보다 곱게 주황색으로 물들어 가는 감에서도 가을을 느낀다. 점심을 먹고 산책을 하다 보니 물에 잠긴 연잎 위로 새끼 물고기가 이리저리 꼬물거린다.

마치 아침에 따뜻한 이불에서 일어나기 아쉬워 '오 분만', '십 분만'을 외치며 이불 속으로 파고드는 아이 같기도 하고, 갖고 싶은 물건을 사주지 않아 마트 바닥에 누워 떼를 쓰는 아이를 보는 것 같아 웃음이 났다. 초록색 연잎 위에서 꼬물거리는 새끼 물고기가 일으키는 파장을 보는 것도 재미가 있다. 또 나무에서 재잘재잘 지저귀며 이리저리 떼를 지어 포로로 날아다니는 참새들을 보면 무슨 얘기를 저렇게 재미있게 하는지 궁금하다. 점심을 먹고 산책 나온 인근 어린이집 아이들이 숨바꼭질하는 모습을 보는 즐거움도 있다. 현수막 밑으로 숨은 아이들의 다리가 다 보이는데도 "다 숨었다"며 이제 찾으라고 이야기하는 아이들의 순수함이 귀엽고, 사랑스럽다. 아이들이 재잘재잘 이야기하며 서로 어떤 놀이를 할지 정하는 것을 보니, 마치 참새들의 이야기를 듣는 것 같다.

출근하는 길에는 은행나무 가로수가 있다. 크기는 비슷하지만, 나무마다 단풍이 드는 속도가 다르다. 벌써 노랗게 물들어 가을을 먼저 맞이한 나무도 있고, 아직 초록색으로 여름을 보내지 않은 나무도 있다. 여러 가지 이유가 있겠지만, 햇볕이 잘 드는 나무가 단풍이 곱게 드는 것을 볼 수 있다. 사람도 햇볕을 쬐어야 몸과 마음이 건강해지는 것을 보며 새삼스럽게 햇볕의 소중함을 깨닫는다. 추운 겨울이 오기 전 햇볕을 쬐며 운동을 하고, 좋아하는 노래를 들으면서 마음을 도닥인다. 독창적인 뮤직비디오와 도입부가 경쾌하고 매력적인 노래 〈Take on Me〉와 성악가의 아름다운 목소리를 들으며 생각할 수 있는 〈10월의 어느 멋진 날에〉 등을 들으며 평범한 일상을 살아갈 수 있음에 감사하게 된다. 곁에 있는 가족과 함께하는 친구에게 감사하고, 음식을 만드는 수고를 하지 않아도 먹을 수 있는 점심에 감사하고, 점심 식사 후의 따뜻한 차 한잔에도 감사하게 된다.

계절이 바뀔 때마다 운동을 하며 살이 더 찌지 않도록 몸을 움직인다. 몇 년간 계속 다닌 커브스에서 경쾌한 음악을 들으며 운동을 하고, 회원들과 인사하며 안부를 묻고 일상을 이야기하다 보면 특별하지 않아도 매일매일이 새롭고 기대된다.

제일 좋아하는 운동은 점심을 먹고 난 후 산책할 때다. 적당한 포만감, 따뜻한 햇볕, 시원한 바람, 단풍 그리고 나무에서 익어 가는 열매까지도 가을의 풍성함이 느껴진다.

며칠 전 다녀온 천리포 수목원에서 2억 년 전 쥐라기 시대부터 생존해 '살아 있는 화석'이라고 불리는 울레미 소나무를 묘목으로 옮겨 심은 후 처음으로 열매를 맺었다는 설명에 한참을 찾다가 함께 간 사람들의 도움으로 조그맣게 매달린 열매를 보게 되었다. 솔방울과는 다르게 별처럼 뾰족하게 생긴 희귀한 열매를 보게 되어 감사한 마음이 들었다. 그리고 이미 사라진 공룡들이 보던 소나무와 동일한 유전자를 가진 소나무를 지금도 볼 수 있다는 신기한 마음과 급변하는 기후 위기 속에서 우리가 보존하고 지켜야 할 것들에 대해 생각하게 되었다.

가을의 따뜻한 햇볕도, 곱게 물든 단풍나무와 은행나무도, 울레미 소나무와 향기 좋은 국화꽃도, 나무에 매달려 익어 가는 주황색 감도. 모든 것은 그들만의 찬란한 때가 있다.

가을 소리

파란 하늘, 푸른 주목나무 아래, 새 지저귀는 소리
눈 감고 서 있으면
살랑살랑 시원한 가을바람 소리
계절을 전한다.

재잘재잘 안부 전하는 소리
대추알 빨갛게 익어 맛이 들었다는 소식과
가을 들판 벼 누렇게 익어 바람에 서걱이는
행복한 소리 가득하다.

※ 가을을 주제로 지은 자작시입니다.

우리들의 '소확행'을 위하여

한동안 '소확행'이란 말이 유행했다. 일상생활에서 느끼는, '작지만 확실한 행복'이라는 말이다. 우리가 살아가면서 누릴 수 있는 '소확행'에는 어떤 것이 있을까? 운동하기, 책 읽기, 색칠하기, 좋아하는 음식 만들기 등 여러 가지 있다. 가장 쉽고 확실한 방법은 일단 몸을 움직여 좋아하는 것을 하는 것이다.

제일 쉬운 것은 자연을 느끼며 걷는 것으로, 바라만 보아도 행복을 느낄 수 있다. 걷다가 중간중간 위치한 의자에 앉아 산이나 물을 바라보거나, 불어오는 바람을 느끼며 아무것도 하지 않아도 마음이 차분해지고 기분이 좋아진다. 또 아침이나, 비가 그친 뒤 숲길을 걸으며 맡는 솔향기나 풀 향기는 머리가 맑아지고 건강도 좋아지는 느낌이다. 마치 몸에 좋은 보약을 맛있게 먹은 것같이 몸이 개운하다. 마음 맞는 사람과 산책하며 수다를 떨기만 해도 행복 수치는 '완전 충전' 상태가 된다.

요즘 도서관에서 인문학 오딧세이 과정인 〈세익스피어의 4대 비극〉을 들으니 웃음과 해학이 있는 희극도 좋지만, 우리의 삶이 언제나 해피 엔딩은 아니기에 인간에 대한 통찰이 있는 비극을 읽는 것도 좋다. 안타깝게도 주인공 모두 죽음이라는 비극적 파멸로 끝나지만, 우리 삶에서 비슷한 상황이 온다면 '우리는 어떤 선택을 할 것인가?'에 대해 미리 생각해 볼 기회가 될 수 있기 때문이다.

마치 미술관이나 박물관에서 전시된 작품을 설명해 주는 도슨트처럼 작품의 내용과 작품이 이야기하는 바에 대해 친절하게 짚어 주어 혼자 읽을 때는 미처 알지 못했던 내용들이 설명을 듣고서야 뒤늦게 이해되기도 한다. 전에 읽었던 내용에 대해 기억을 더듬어 보기도 하고, 기억나지 않는 부분은 편안하게 옛날이야기를 듣는 것 같다. 책을 읽으면 다른 사람과 비교하지 않고, 스스로 더 생각해 볼 수 있어 마음의 행복이 커진다.

주말에는 아침 운동 하고, 도서관 특강을 듣거나 책을 읽고, 가족들의 맛있는 한 끼를 위해 시장을 봐 좋아하는 음식을 만들고, 가끔 부모님 댁에 방문하면 한 주를 알차게 보냈다는 만족감에 뿌듯하다. 비록 단순한 삶이지만, 나름대로 살아가는 재미가 있다. 언제나 행복은 멀리 있지 않다.

요즘은 날도 좋고, 지역마다 축제가 많다. 청남대 국화축제는 2008년부터 시작해서 전국적인 지역 축제로 자리 잡았다. 오랜만에 간 청남대의 하늘정원에 있는 망원경으로 이 산, 저 산을 둘러보다가, 파란 하늘 아래 형형색색으로 단풍이 든 산, 바로 앞에 있는 것 같이 가까이 보이는 맞은편에 있는 절, 햇빛과 바람이 만들어 낸 대청댐의 윤슬을 바라보는 것이 가을의 가장 멋진 장면을 보는 것 같아 감동이다. 가을은 나들이하기 딱 좋은 계절이다. 햇볕도 좋고, 바람도 좋고, 외부 활동을 하기에 딱 맞는 기온과 가을꽃도 피어나고, 꽃처럼 고운 단풍이 있기 때문이다. 전에는 국화축제에 국화가 매우 많았는데, 올해는 예전만큼 국화가 많지는 않다. 급격하게 덥고, 춥고, 비가 왔던 날씨 때문인지, 이제는 국화를 재배할 사람이 없는 것인지 궁금해하다가 아쉬운 마음을 뒤로하고 길게 뻗은 메타세콰이어숲 의자에 앉아 따뜻한 차를 앞에 두고, 푸른 하늘 아래 노랗게 물든 은행나무를 바라보며 가을의 여유로움을 즐겼다.

예쁜 것을 보고, 좋은 글을 읽고, 좋은 사람을 만나 이야기하고. 행복은 멀리 있지 않다. 건강을 잃어 본 후에야 건강의 소중함을 알고, 지금 누리는 일상에 감사함을 느낀다. 따뜻한 햇볕이 감사하고, 불어오는 바람이 감사하다. 나무에 곱게 물든 단풍도, 연못에서 살랑살랑 한가롭게 헤엄치는 물고기도 감사하다. 또 비 오는 날에는 김치를 썰어 넣은 빈대떡과 막걸리 한잔에도 행복을 느끼고, 월급날 가족들과 저녁을 먹으며 이야기하고, 응원하며 행복을 느낀다. 행복이 별거냐? 크면 큰

대로, 작으면 작은 대로 매일 일상을 오롯이 누리며 살아가는 것. 그것이 바로 '소확행'이다.

코로나19 시절의
이야기

우리는 한 팀

코로나19. 전 세계를 감염병의 대유행인 팬데믹의 공포로 몰아넣은 코로나19로 인해 다른 사람과의 만남을 자제하고 마스크 쓰는 것이 일상이 되었다. 마트나 시장에서 장을 보는 것보다 인터넷 쇼핑몰에서 주문하고, 음식점 내에서 먹는 것보다 포장이나 배달 중심으로 외식 문화를 바꾼 감염병. 무엇보다 학생들의 개학을 미룬 최초의 감염병이다. 이전에도 메르스와 사스가 있었지만, 우리 생활에 이렇게 많은 영향을 주고 있는 감염병은 코로나-19가 처음인 듯하다.

올해 아이의 1학기 시작은 코로나19의 급격한 증가세로 등

교가 미뤄질 때도 마음을 졸이며 아이의 학습 공백을 걱정했고, 온라인으로나마 수업을 하게 되었을 때는 더 이상 학습 결손이 생기지 않을 것이라는 생각에 얼마나 기뻐했는지 모른다. 그런데 집에서 아이가 공부하는 것을 살펴보니 너무 이상했다.

평상시에는 학교에서 공부하고 오니 눈에 보이지 않아서 평상시의 수업 태도를 잘 알지 못했는데, 집에서 온라인 학습을 하고 있으니 아이의 부족한 점이 보여 수업은 잘 들었는지, 숙제는 잘하고 있는지 자꾸 확인하게 되었다. 어른들도 학습 목표에 맞추어 온라인으로 학습하는 것이 어려운 일인데, 하물며 어린아이는 더 어렵다는 것을 머리로는 알고 있었지만, 막상 아이가 수업을 듣지 않고 유튜브와 게임 등을 하느라 수업조차 듣지 않고, 댓글조차 달지 않았다는 사실을 알았을 때 정말 화가 머리끝까지 날 때가 한두 번이 아니었다. 그래도 마음을 다잡으며 수업 진도와 댓글, 교과서 내용을 확인해 주며 시간을 보냈는데, 주 2회나마 등교를 한다고 할 때는 너무 기뻤다.

2학기가 되어서도 주 2회 등교하고, 나머지는 온라인 학습으로 진행되니 또 온라인 수업을 집중하지 않아 너무 힘들었다. 그래서 우리 아이에게 화도 내 보았지만, 그때뿐이다. 1학기 때 온라인 수업을 해 본 경험이 있어 아이는 댓글 달기와 교과서 정리 등만 하고 있고, 글씨를 너무 괴발개발 써서 좀 더 관리해 주고 싶은 마음에도 이제는 자기만의 세계가 형성되어 말을 해도 엄마의 잔소리로 들을 뿐이었다.

그래서 생각한 방법은 확인받는 느낌이 들지 않도록 "오늘도 온라인 수업하느라 고생했다."라는 말로 시작하여 아이를 토닥인 후, 아이가 한 것들을 살펴보고 칭찬을 해 주기도 하고, 기억이 나지 않는 내용은 다시 같이 복습하기도 하며, 아이에게 힘을 주었다. 이해가 가지 않는다고 하면 설명도 해 주고, 모르는 내용이 있으면 인터넷을 함께 찾으며 우리는 같은 목표를 향해 함께 뛰는 사이임을 강조하며, "어제보다 하나라도 더 알게 되어 다행이다."라고 이야기해 주었다. 다른 사람과 비교를 하게 되면 정체도 모르는 '엄친아'의 존재로 속상한 마음이 클 것이다. 하지만 아무도 상처받지 않는 '어제의 나'를 기준으로 삼아 말하니 나의 마음도 편하고, 우리 아이를 위해서도 좋았다. 우리는 서로 상처 주는 말을 하거나 힘들게 하는 사람이 아닌, 힘을 모아 이 코로나19 상황이 끝날 때까지 2인 3각 하는 마음으로 함께 헤쳐 나가야 하는 사이다. 어느 광고에서 나왔던 멘트처럼 "우리는 한 팀이다".

지금은 전면 등교를 하여 학부모 입장에서는 아이의 학습 결손에 대한 걱정이나 온라인 수업을 잘하고 있는지 확인하지 않아도 되어 너무 행복하지만, 부모 입장에서는 '우리 아이가 코로나19에 걸리면 어떡하나?', '나도 모르는 사이 다른 아이에게 옮기면 어떡하지?' 등의 걱정을 한다. 하지만 걱정은 잠시 내려 두고, 오늘도 나와 아이를 토닥인다.

"오늘도 참 고생했다. 그리고 사랑한다. 사랑한다. 우리는 한 팀이다."

"고생했다. 고생했어."

밤나무 아래 밤을 줍는다.
살이 올라 토실토실
윤기 나는 알밤 형제

올여름 잦은 태풍, 길고 긴 장마에도
결실 맺은 알밤을 보니
"고생했다. 고생했어."

올 한 해 코로나로 학교도 못 가고
원격 수업하며 커가는 우리 아이들도
"고생했다. 고생했어."

※ 코로나19 시기에 쓴 자작시입니다.

눈물과 재미가 함께하는
제주도 여행 이야기

제주도는 생각하는 것만으로도 힐링이 되는 행복한 섬이다. 내가 사는 곳은 늦가을로 기온이 썰렁했는데, 제주도에 도착하니 마치 다른 나라에 온 것처럼 너무 따뜻했다. 나의 일상으로의 탈출을 알리는 제주에 도착한 것이다.

우리가 도착한 첫날에는 제주의 눈물이 서린 알뜨르비행장과 동굴 진지 그리고 송악산 일대를 돌았다. 일제 강점기 시대 우리나라 곳곳이 일제의 무자비한 약탈의 대상이었지만, 제주는 지리적으로 일본과 가깝기도 하고, 바다로 둘러싸여 도민들이 도망갈 곳이 없어 더 심하게 당한 듯하다. 이 알뜨르비행장은 방어로 유명한 모슬포 주민들을 강제 동원하여 건설하였으며, 비행장, 관제탑, 대공포 진지, 격납고 등이 아직도 남아 있다. 우리가 볼 수 있었던 것은 격납고와 동굴 진지며, 관제탑은 지금도 사용 가능하다는 안내판을 읽고는 기술력과 보관 상태에 깜짝 놀랐다. 구석구석 돌아보며 우리 선조들의 고단함이 느껴졌다.

장소를 이동하여 송악산과 그 일대를 탐방하면서 산 곳곳에 위치한 동굴 진지를 볼 수 있었고, 송악산에서 보는 해안 경치와 군데군데 위치한 동굴들을 보며 나라를 잃었던 선조들의 슬픔이 다시 몰려왔다. 나라를 빼앗고 우리 영토와 우리 백성들을 자기들 마음대로 강제 노역에 동원하였던 과거의 슬픔이 아름다운 경치와 대비되며 더욱 서글퍼졌다. 조망대에서 살펴보니 마라도, 가파도가 생각보다 가까이 보여 놀랐다.

다음으로 간 곳은 제주의 산방산으로 평평한 분지에 봉우리가 우뚝 솟아 있는 곳이다. 산방산의 깎아지른 암벽에는 지네발란, 동백나무겨우살이, 풍란, 방기, 석곡 등 해안성 식물이 자생하고 있으며, 학술 연구 자료로도 가치가 높아 천연기념물로 지정·보호되고 있다고 한다. 산방산 앞에 위치한 하멜 상선 전시관을 둘러보면서 느낀 것은, 1653년 그 옛날에 저렇게 작은 배를 타고 그 먼 거리를 이동하였으며, 무엇보다 13년간 조선에서 생활하다가 탈출하여 본국으로 돌아간 하멜의 의지에 경의를 표했다. 아마도 입장을 바꾸어 생각한다면 그냥 현실에 안주하며 살았을 것이다.

두 번째 날은 제주를 체험하는 날이다. 제주의 특산물인 귤 따기 체험과 산굼부리, 제주도 눈물의 역사인 4·3 평화공원을 방문했다. 고추를 필두로 담배, 인삼, 벼, 참깨, 들깨 등을 농사지으셨던 아버지 덕분에 어릴 때부터 농사일을 도울 기회가 많았기 때문에 승부욕이 생겨, 함께 간 사람들 중 귤을 제일 많이 딸 자신이 있었다.

노랗게 익은 귤을 기대했었으나, 아직 시월인지라 새콤하고 달콤한 맛이 도는 귤 따는 일은 좋았다. 귤을 따기 전에 나무에 매달린 귤을 하나씩 먹어 보면서 나무마다 다른 귤 맛을 신중하게 음미해 보는 것도 새로운 경험이었다.

귤을 따면서 느낀 것은, 귤 따는 일에도 토마토나 감처럼 꼭 지에 다른 과일이 다치지 않도록 정성을 들여야 한다는 것이 다. 우리 생활에서 정성을 들이지 않는 일이 없다.

맛있는 점심을 먹고 수확의 즐거움을 느끼며 방문한 곳은 4·3 평화공원이었다. 〈알쓸신잡2〉에서 소개된 곳으로, 둘러 보고 나왔을 때는 너무 슬퍼서 눈물이 났다. 1947년 3월 1일 어떻게 보면 사소한 일이었던 말을 탄 경찰의 부주의로 인해서 아이가 다치고, 화난 군중들이 경찰에게 돌을 던지며 분노를 표현한 결과, 군중들에게 총을 쏴 6명이 숨지며 발생한 사건으 로, 시간이 지나며 선거 등 우리 민족의 당면 과제와 사상과 결부하여 많은 제주도민이 죽게 된 일이다. 4·3에 대해서는 사 건, 항쟁, 폭거 등의 많은 이름이 있으나, 역사 속에서 정당하 게 평가를 받아 억울하게 돌아가신 사람들을 위로하고, 우리 의 역사 중 근·현대사에 대해 제대로 배워 올바른 역사 인식을 갖는 계기가 되었으면 좋겠다는 바람이 생겼다. 우리나라에서 색과 이념으로 규정되면 거의 모든 사람이 살아날 가능성이 없으며, 외세와 이념에 의해 우리 민족끼리 이렇게 처참하게 도륙 낸 과거가 있다는 것은 정말 무서운 일이다. '기억이 말살당한 곳에는 역사가 없습니다.'라는 글에서 우리의 기억을 잊지 않도록 노력하여 역사를 잊지 않는 것의 소중함을 깨닫게 되었다. 그리고 『순이 삼촌』이나 『화산도』 등 관련된 책을 발간하여 역사를 잊지 않고 바로 보려는 노력을 꾸준히 했던 분들의 노고에 대해 감사함을 느꼈다. '나는 국가의 핍박이 있다면 과연 진실을 말할 수 있을 것인가?' 제주의 슬픔을 엿본 듯하여 쉽게 마음이 진정되지 않았다.

눈물의 4·3 평화공원을 뒤로하고 도착한 곳은 천연기념물로 지정되어 있으며, 억새 명소로 유명한 산굼부리다. 산굼부리는 기생 화산의 분화구다. 산굼부리에는 억새가 많은데, 올라가는 표지판에 '갈대'와 '억새'의 차이점이 적혀 있어 쉽게 구분할 수 있도록 했다. 경치를 보면서 천천히 힘들이지 않고도 올라갈 수 있어 산들거리는 바람과 함께 가을을 느끼며 힐링할 수 있었다.

세 번째 날에는 '제주' 하면 생각나는 한라산을 오르는 일정으로 여러 탐방로 중 영실코스로 올라가서 윗세오름까지 탐방해 보기로 했다. 영실코스 주차장에서 시작해서 조릿대 군락지를 지나 계단 올라가는 것이 숨이 막히고 너무 힘들었다. 시작은 힘들지만, 올라가면서 보이는 병풍바위는 너무 멋있었다. 멋진 바위를 보며 산을 오르는 길에 '어떻게 살아야 하는가?'에 대해 생각했다. 나의 미래에 대해 생각하다 보니 어느새 계단이 끝나 있었다. 군데군데 나타나는 표지판에서 한라산에 사는 생물들을 살펴볼 수 있었고, 바람이 많이 불어서인지 크게 자란 나무가 없다는 것, 고사목 군락지를 지나며 한라산의 식물들을 살펴보고 노루샘을 지나면서 지나가는 노루를 기다리게 되었다. 아름다운 경치 속에서 풀밭 위를 노니는 노루들은 참 행복할 것 같다는 생각이 들었다. 제주도에는 까마귀가 유난히 많았다. 윗세오름 휴게소에서 김밥을 먹는데 바로 앞까지 다가오는 까마귀를 보면, 등산객들이 먹이를 많이 던져 주었던 것을 알 수 있었다. 윗세오름에서 사진을 찍고 백록담 남벽까지 가 보고 싶었지만 그것은 희망 사항일 뿐, 체력이 여의치 않아 아쉬움을 뒤로하고 하산했다. 날씨가 너무 좋아 노루를 만나 함께 뛰어놀고 싶었지만 노루는 나타나지 않았고, 우리는 한라산 탐방 후에는 새별오름이 보이는 곳에서 휴식을 취했다. 파란 가을 하늘과 산들산들 부는 바람 그리고 바람에 맞춰 몸을 흔드는 억새의 모습에 제주의 아름다움과 여유로움이 느껴졌다. 맛있는 빵과 향기로운 차 그리고 멋진 풍경, 여행에 필요한 모든 것이 다 갖춰진 것 같아 이 시간이 너무 행복했다. 제주도 여행 중 빠질 수 없는 사진 포인트인 무지개 해안도로를 둘러보고, 석양에 물든 바다를 배경으로 사진도 찍고, 여유로운 하루를 마무리하고 돌아오는 길이 너무 행복했다.

네 번째 날에는 현대 기술을 느낄 수 있는 '981파크'와 '아르떼 뮤지엄'을 다녀왔다. 이 '981파크'는 중력 가속도를 이용하여 속도를 즐기는 곳인데, 놀이공원의 바이킹이나 범퍼카도 무서워서 못 타는 사람으로서 순서를 기다리면서도 너무 무서워 심장이 쿵쾅거렸다. 이 레이싱에서 무조건 안전을 우선으로 살살 달려갔다. 처음에는 너무 무서웠지만 두 번째 탈 때부터 한 번 해 봐서인지 주변도 살펴보고, 조금 더 빨리 달릴 수 있었다. 역시 경험은 무시하지 못한다는 사실과 새로운 것에 도전한다는 것은 가슴 뛰는 새로운 경험이라는 것을 느낄 수 있었다.

'아르떼 뮤지엄'은 또 어떤가? 아르떼 뮤지엄은 밖에서 볼 때는 조립식 건물로, 특별한 것이 없었는데 국내 최대 미디어아트센터라는 말이 무색하지 않게 빛과 소리와 거울을 이용하여 매우 넓고 장엄한 광경을 연출했다. 맨 처음 들어간 곳은 단풍이 빛에 반사되는 장면이었는데, 빛이 계속 바뀌며 신비로운 느낌을 자아냈다. 그리고 다른 곳은 파도가 밀려오면서 오로라 영상이 계속해서 나오는 곳이었는데, 오로라를 좋아하기도 하고, 코로나19가 끝나면 오로라를 보러 가고 싶어 한참 바라보며 대리 만족의 시간을 가졌다. 무엇보다 아르떼 뮤지엄에서 행복했던 시간은 차 마시는 시간으로, 찻잔 속에 동백꽃이 피어나는 것이 신기했다. 예전에 읽었던 책에서 풍류를 좋아하는 사람들이 친구들과 술을 마시다가 꽃잎이 떨어져 잔 속으로 들어가는 장면을 읽었던 적이 있어 해 보고 싶었는데, 이렇게 간단한 방법이 있다는 사실이 놀라웠다. 다시 집으로 오는 길 비행기 안에서 제주도에서의 여유로웠던 추억들이 생각나 아쉬우면서도, 얼른 집으로 돌아가 다시 시작되는 일상의 행복이 기대되었다.

눈물과 재미가 함께했던 제주도에서 우리 역사에서 이념으로 인한 문제가 해결되고, 다른 사람들의 아픔을 살필 수 있는 혜안을 가질 수 있도록 노력해야겠다.

천년고도 '경주'에서
나의 길을 묻다

경주에서 개최한 APEC회의로, 요즘에는 유튜브를 틀면 경주가 나온다. 예전에 다녀왔던 경주에 대한 글을 정리해 본다.

'경주'는 신라시대의 천년고도로 문화재와 문화유적지가 많아 대부분의 사람들이 수학여행으로 한 번씩 가 보았던 장소다. 하지만 시골에서 학교 다녔던 나는 경주로 수학여행을 가지 못하고 '서울'로 수학여행을 다녀와 경주는 꼭 한번 가고 싶은 동경의 장소였다. 겁이 많아 혼자 가는 여행은 시도조차 하지 못하고 계속 가고 싶다는 생각만 하다가, 2021년 5월에 아이와 함께 경주로 교외 체험 학습을 갔었다. 그리고 이번이 두 번째 경주 여행인 것이다. 그때는 자동차를 타고 청주에서 가족들과 경주로 여행을 왔지만, 이번에는 KTX를 타고 신경주역에 도착해 차량을 렌트하여 이동했다. 그때도 코로나19로 인해 가능하면 밤에는 다니지 않고, 낮에 실외 활동을 위주로 했었다. 이번에도 마찬가지로 신라의 찬란한 금속 기술과 금관의 화려함을 한눈에 볼 수 있는 천마총을 필두로 뛰어난 건축 기술과 공사 중이어서 조금 아쉬웠지만, 물속에 비친 야경이 멋진 동궁과 월지, 첨성대 등을 다녀왔다. 천마총을 먼저 보고 저녁을 먹고, 동궁과 월지와 첨성대를 보았기 때문인지 은은한 불빛에 서 있는 첨성대도 후덕해 보였다. 향기로운 차와 좋은 사람들이 있으니 시간이 가는 것을 모를 정도였다. 사람 사이는 자주 만나고 이야기를 해야 그 사람을 알 수 있다고 생각한다. 수줍은 성격 탓에 다른 사람들과 많은 이야기를 하지 못한 것이 후회되기도 했다.

이튿날 우리는 경주의 랜드 마크 불국사와 석굴암을 다녀왔다. 불국사에서 우리는 문화해설사의 해설을 들었는데, 열정적 해설과 맞춤형 설명 덕에 신라의 역사가 쏙쏙 들어왔다. 퇴직 후에 문화해설사나 숲 해설가를 생각하고 있는 나는 재미있고, 이해하기 쉽고, 잊히지 않도록 설명하는 것이 가장 필요한 능력이라는 것을 알게 되었다. 불국사에는 다보탑, 삼층석탑(석가탑, 무영탑), 연화교, 칠보교, 청운교, 백운교, 금동비로자나불좌상, 금동아미타여래좌상, 삼층석탑 사리장엄구(무구정광대다라니경 외 27점) 등 7개의 국보와 많은 보물이 있다. 이 국보와 보물을 보고 나오면서 다보탑과 석가탑 사이의 석등으로 보이는 부처님의 인자한 모습에 다시 한번 신라의 건축기술에 감탄하였다. 불국사에서 나와 구불구불 산길을 운전하여 향한 곳은 석굴암이다. 석굴암은 교과서에도 실려 있어 웅장한 모습을 기대하였으나, 습기와 보존 문제로 밀폐하여 에어컨으로 습기를 제거하고 있어 우리는 갇힌 부처님을 만날 수밖에 없었다. 습기와 보존 문제를 해결한 것을 보면 신라시대 우리 선조들의 과학기술은 대단한 경지에 이르렀던 것을 알 수 있고, 그 기술력에 감탄을 금치 못할 따름이다. 석굴암 앞의 많은 석재들은 일제 강점기 시대 석굴암을 반출하기 위해 해체 작업을 하던 중 반출이 어려워지자, 보수 과정에서 본래 있던 제자리를 찾지 못하여 석굴암 내부로 들어가지 못하고 밖에서 뒹굴고 있어 안타까운 마음이 들었다. 1년에 한 번 부처님 오신 날만 개방되어 예전처럼 사람들을 맞이한다는 석굴암을 뒤로하고 속세로 내려왔다.

보문단지에서 좀 쉬다가 달이 뜬 밤에 월정교를 거닐었다. 원효대사와 요석공주의 사랑 이야기가 전해지는 월정교를 거닐다 보니 물에 비친 그림자가 너무 아름답고 고즈넉하여 스스로 이야기의 주인공이 된 듯했다. 12월 밤은 추위를 걱정할 정도로 춥지 않았고, 따뜻한 차와 친구들과의 대화는 시간을 잡아 두고 싶을 정도로 아쉬웠다.

마지막 날 아침에 일찍 일어나서 문무대왕릉으로 일출을 보러 가기로 했다. 원하는 사람만 가기로 하여 두 명만 함께 일출을 보게 되었다. 신년이 되면 집에서 가까운 곳에서 아이와 함께 일출을 보았었는데, 문무대왕릉에서 본 일출은 단연 최고였다. 어두운 모래사장에 앉아 해가 뜨기를 기다리니 붉은 해가 조금씩 조금씩 올라오는 모습에서, 힘들어도 버텨 보라고 이야기하는 것 같았다. 너무 황홀하고 빛나는 것을 보았기 때문일까? 눈이 부셔 한동안 눈을 뜰 수 없었다. 일출을 보고 다시 숙소로 돌아와 맛있는 조식을 먹고, 짐을 챙겨 나왔다. 여행하는 동안 나의 피로를 풀어 주던 곳이여, 안녕.

감은사지 삼층석탑은 통일 이후 최초 쌍탑 배치로 이루어져 있고, 기단 밑 부분에는 동향으로 낸 구멍이 있어 해룡이 된 문무왕의 휴식처 역할을 했다고 한다. 이 문무왕이 나라의 근심이 생길 때 피리를 불면 평온해진다는 '만파식적' 설화의 주인공이다. 살아서도 나라의 통일을 위해 노력하고, 죽어서도 나라를 지키는 용이 될 정도로 원하는 것이 나에게 있는지, 지킬 것이 있는지에 대해 생각했다. 우리에게 기본적인 모양의 3층 석탑과 지금은 꾸밈 조각들이 남아 있지 않지만, 길게 올라간 찰주에서 석공들의 노고를 느낄 수 있었다. 청주로 오기 전

마지막으로 들른 주상절리 파도소리길을 따라 걸으며 끊임없이 하얗게 부서지는 파도와 부채 모양의 암석과 바위 위에 서 있는 소나무의 푸르른 모습에 머리가 맑아지는 느낌이었다. '우리는 저 넓은 바다로 나가 무엇을 해야 하는가?'

이번 경주 여행은 격변하는 사회에서 '어떻게 살아야 하는가?'에 대해 생각하는 기회가 되었다.